KB143379

우리는 물속에 산다

Authorized translation from the Japanese language edition, entitled
《シリーズ　ケアをひらく》みんな水の中
「發達障害」自助グループの文學研究者はどんな世界に棲んでいるか
ISBN 978-4-260-04699-2
著者 横道誠
published by IGAKU-SHOIN LTD., TOKYO Copyright © 2021

우리는 물속에 산다

발달장애로 살아가는 일의 감각적 탐구

요코미치 마코토 지음 | 전화윤 옮김

글항아리

"물은 마음에도 좋을 수가 있어."

—생텍쥐페리, 『어린 왕자』

1장 '시처럼', 2장 '논문적인', 3장 '소설풍의'라는 세 가지 형식을 통해 자폐스펙트럼장애ASD와 주의력결핍 과잉행동장애ADHD 진단을 받은 나라는 사람의 체험적 세계를 전달하는 것이 이 책의 목적이다.

나는 이른바 발달장애인이다. 내 '동료' 중 대다수는 내가 느끼고 생각하는 방식과는 전혀 다른 방식으로 느끼고 생각할 수도 있다. 그래도 상관없다. 그것이야말로 '뇌의 다양성'이므로.

이 책은 본문에서 언급된 다양한 작품에서 영향을 받았고, 그 작품들 없이는 태어나지 못했을 것이다. 각기 다른 세 형식을 통해 '나'에게 접근하고자 한 점, 자조모임 및 문학과 예술을 통한 돌봄,

치료, 회복이라는 발상을 제시한 점이 이 책의 큰 특징이다.

이 책에서는 문학연구자가 문화인류학에서 배운 방법으로 자신에 대한 필드워크 기록을 작성한다. 철학과 언어학에서 배운 지식을 동원해 의료와 복지를 고찰한다. 시인과 에세이스트와 소설가들의 스타일을 도입하여 쓴다. 사진과 단가短歌와 그림(낙서)과 만화까지 이것저것 싣는다. 과하다는 평을 들을 수도 있겠지만 이 책을 읽은 독자 여러분이 '우리는 모두 물속'에 있음을 실감하게 된다면 정말 기쁘겠다.

차례

일러두기

·'뇌의 다양성'은 신경다양성을 뜻한다. 본문에서는 맥락에 맞춰 두 표현을 적절히 사용했다.
 문헌의 표기는 저자가 참고한 원어 또는 일본어판 번역서 기준이다. 한국어판 번역서가 출
 간되어 있는 것은 해당 문헌 아래에 병기했다.
·1장과 2장에는 번호가 달려 있다. 이것은 예컨대 1장의 시를 읽다가 이해가 잘 안 되면 2장
 의 같은 번호의 내용을 참조하면 된다는 뜻이다. 즉 1장과 2장은 유기적으로 연결되어 있다.
·괄호 안은 저자 주, 별도 표기가 없는 주석은 모두 옮긴이 주다.
·원문에서 볼드체로 강조한 것은 고딕체로 표시했다.

1장
시詩처럼

1. 신경다양성

⋮

1 2 3 4 5 6

m^o $_D$ ^{u} g @

속

물

2. 수중세계

·
·
·

7 물이 춤춘다

    나를 축으로 두 개의 시공간이

      밀어내고 끌어당기고

빛을 발하며

    서로를 침식하고 있다

8 물이 넘실댄다

    문학과 예술은 우리를

달콤하게 흐린 시공간에서

      맑게 갠 시공간으로

가볍게 뒤흔든다

뒤집는다

[9] 나는 나는 신경계   물속에서

물속에서 너울대는 신경계   나

[10] 온갖 것이 하늘하늘 흔들리며, 질퍽질퍽 소리를 내고 있다

[11] 다시 물이 된다

물

세계는 시시각각 농도가 변하는 수용액

아아

　　나라는 물체는 꼼짝없이

　　삼투압을

　　견디고 견디며

　　　　　　아

　　　　　　　　　아

3. '에스es'의 권역

⋮

¹² 나의 조작 (유체이탈)

¹³ 몰아치고

¹⁴ ¹⁵ 완전히 흐름을 거슬러 소용돌이 속으로

휩쓸리며 바이바이

¹⁶ 잠수복을 입고 바다로 꼴깍꼴깍 가라앉는다

드레스 입은 여자가 되어 수장된다

¹⁷ ¹⁸ 도도하게

요란하게

수소

산소

4. 식물

:

19 어푸우아

　　순수수와

　　푸른색의 반짝임을

　　추구하며 사는

　　나

20 어푸우아

　　뜨거운 물에 담갔다가

　　찬물에도 담갔다가

를 반복하며

　　　　　식물이 된다

　　　　　　　　　　물

21 파랑과 초록과

나는 어떠한 종류의

식물 마니아

질퍽

질퍽

22 파랑과 초록과

광합성한다

반짝반짝이라리리

뻐끔

23 식물

'물과 빛과 바람이 모두 나다'

뻐끔

뻐끔

24 식물 삼매경

엘리제 정원의

성스러움

이랄 것 같으면!

너무 근사해서

5. 우주

⋮

25 26 27 28 29

우주는 바다다

물 is 우주

별들

지구 밖 지적 생명체

30 31 32

무서운 물

슬픈 물

밤하늘을 올려다보고 밤의 어둠의 베일을

통과하여

피유융

6. 오감

　　　⁝

³³ 짜자안

　시각 청각 촉각 후각 미각

　　　　　　　　　　　이

대범람

　　　이, 이거 큰일이랍니다

³⁴ 짜자안

　이명의 시공간에

　매몰된 채 살고 있습니다

³⁵ 짜자자아안

　그런데 안타깝지요 HSP라기엔 어렵다고

　생각하고 있습니다 저는요

³⁶ 짜잔

따로따로 흩어져버렸으니까

합체하라!! 나의 감각들이여! 라며 자주 빌곤 합니다만

³⁷ 짜자안

반향어다아!

반향어다아!

반향어다아…….

…….

7. 불가사의한 통일체

[38] 무아아

나 수수께끼의 하이브리드

[39] 여야해

분신

[40] 이런

프로그램에는

강력한

꽈광

강박이

프로그램화

되어 있으니까

그런 시스템

젠장

으로 되어 있으니까

프로그램

짜광

⁴¹ 집착하고

집착하고

집착하고

물이 꿈틀거린다

집착하고 　　　있습니다

짜광

^{42 43 44 45}

물이 일어서서 다가온다

기묘합니까

뉴왑

물이 잔잔해진다

바람 그치고

8. 동물

⋮

46 47 48

동물은 물

물주머니다

덜렁덜렁 흔들리며

9. 타자

⋮

49 50 51 52 53 54

물이 슬퍼하고 있다

소리치고 있다

　　잘 웃을 수 없다　웃지 않는다

　　거리가 얼굴을 외우는 게

　　　　　　　　　　　　시선에서 자유롭게

웃깁니까

　　자주 웃기다는 소리를 듣습니다

　　　　　　　　　　　　　　웃겨?

　　잡담　히익

　55 몸 표면에 마치 인면창처럼

　　타인의 얼굴이 말랑말랑하게 떠 있는 것 같다

　　　　　　　　　　　　　　웃겨?

　　그래서 우리는 사랑받지 못하는 걸까

^{56 57 58} 빛나는

비명의 물

　　　　　"쿠왕"

　때는 이미 늦었다

⁵⁹ 물은 출렁

　　　나는 나 나는 나야

⁶⁰ 썩어서

　　　　⁶¹ 흔들

　　　　　　　　　낙담

10. 축복

.
.
.

☆

11. 저주

:

⁶⁷ 물거품이 떠오르기 시작하고

지옥행 타임머신

누구도 여기엔 타고 싶지 않다

보글보글

물거품

하지만 나는 매일 억지로 태워진다

⁶⁸ 물거품이 떠오르기 시작하고

당신은 지옥을

체험해보고 싶습니까

이제 그만해줘

거품

거품

거품

거품

거품

거품

69 물의 작열

형언 불가능한 체험

작열

70 가족만큼 슬픈 건 없다

물의

12. 의존증

:

71 72 73 74

고인 물이

그것이 치료가 되겠지만

매번

돼지가 되어버려

탁해지고

마셔줘

피도 물

코피 뿜-조차 그렇다

강렬하게 솟구친다

13. 트라우마 케어

⋮

75 불꽃 같은 푸른 물

  그것은 정화의 힘을 지닌다

    드러누워

    서 뒹굴

    면서

    평온하게

76 푸른 불꽃이 흔들리며

  출렁출렁

      나름의 규칙에

      기대

      어서

      안심하고

77 모든 것을 청정하게 변화시키며
　꿋꿋하게 타오르는
　　　　빛과 소리에
　　　　힘입어
　　　　마음이 풀리고

78 물이 정화한다
　불꽃이 되어 정화한다
　　　　끊임없이
　　　　무언가를
　　　　수집하는 것도
　　　　좋아

79 물은 천재
　천재 물

80 물은 쏟아지고

   부어지고

81 꿈속에

   물은 들어가

                        이 책도

                           트
                           라
                           우
                           마
                              로
                           만들어
                           진 것이다

   흘러가 사라진다

82 안심하고
눈을 감으렴

물

14. 젠더와 섹슈얼리티

:

83 84

뇌리에 새겨졌습니다

질퍽이는 물

85 86

물웅덩이가 깨끗하다
저 끝까지 깨끗하다

후움

그런가?

87 88

식물은 물

물이 들어차 있다

가득 품은 채

15. 죽음

:

89 90 91 92

수세미

외

지　　수

화　　풍

분

수

16. 의료, 복지, 자조모임

⋮

이곳이야말로 마침 우리가 살고 있는,

문제투성이의 근사한 삶을 보내는 장소.

(토베 얀손, 『아빠 무민 바다에 가다』, 2010)

17. 문학과 예술

⋮

99 100 101 102

내가 생각건대, 개개의 생명 형태를 접하는 것,

바위, 금속, 물, 식물에 마음을 여는 것, 꽃들이 달의 차고

이지러짐에 맞춰 호흡하듯 마치 꿈속처럼 개개의 자연물의

본질을 자기 내부로 가져오는 것은 무한한 희열임이

틀림없다. (게오르크 뷔히너, 「렌츠」, 2001)

18. 언어

⋮

103 이 책도 물로

언어 마니아라고
말하는 주제에
오사카 사투리 하나
제대로
못 쓰네

104 이 페이지는 물

유머 감각
조금 위험한데
이상한 말만
늘어놓고

105 모든 글자가 물

그래도 앞뒤가 똑같은 건

좋은 걸까?

생각해

¹⁰⁶ 물밖에 없다

호오

그렇게 해서 이 책

쓴 걸까

그런 걸까

¹⁰⁷ 삼라만상이 물

미안한데

그

상호텍스트성

이란 건

잘 모르겠어

미안

용서할게

19. 미래

⋮

교토,
하늘과
가모강과
산조 다리

108 109 110 111

2장

논문적인

1. 신경다양성

⋮

바야흐로 사회 모델의 시대

—

   나와 당신은 뇌의 다양성을 살고 있다. 뇌의 다양성은 영어로 신경다양성Neurodiversity이라고 번역된다. 나는 신경발달증후군 당사자다. 보통 발달장애인이라고 불린다. 당신은 나와 같은 입장일 수도 있고 아니면 '정형발달인'일 수도 있다. 어떤 경우든 몸을 가지고 뇌의 다양성을 살아가고 있다는 점에서는 다르지 않다.

   '발달장애인'이라는 단어는 이 책에서 지지하는 사회 모델 개념에서 본다면 부적절한 표현이 아닐 수 없다. 사회 모델은 의학 모델과 대칭을 이루는 용어로, 의학 모델이 장애의 발생 원인을 개인에게서 찾는 데 반해 사회 모델은 장애의 원인을 환경에서 찾는다.

예컨대 시각장애인이 충분한 사회적 지원을 받아 살아가는 데 아무 어려움이 없다고 느끼는 환경이라면, 그 사람은 '눈이 보이지 않을 뿐인 정상인'이 된다. 악기를 연주하지 못하는 사람이 있고 특정 음식을 먹지 못하는 사람이 있는 것처럼, 제힘으로 하늘을 날지 못해도 인간에게는 치명적 결격 사유가 되지 않는 것처럼, 시각장애인도 눈이 보이지 않을 뿐이다.

이러한 개념에서 본다면 발달장애인도 환경과 불일치를 일으켜 '장애인'이 된 것뿐이라고 할 수 있다. 무라나카 나오토는 정형발달인과 발달장애인의 관계를 윈도Windows와 맥Mac의 차이에 비유하며, 전자에게 가능하고 후자에게 불가능한 일이 있다고 해서 그것이 곧 결여나 장애를 뜻하진 않는다고 역설한다(2020). 전적으로 동감하는 바다.

[2] ASD와 ADHD의 하이브리드

—

나는 자폐스펙트럼장애Autism Spectrum Disorder, ASD와 주의력결핍·과잉행동장애Attention Deficit Hyperactivity Disorder, ADHD를 함께 갖고 있다고 진단받았다. 진단을 받음으로써 나는 '뭔가 보통 사람들과 다른 것 같긴 한데'라며 의심쩍게 여겨온 내 꼬리를 잡는 데 성공했다. 그리하여 나는 현대 의학의 혜택을 받게 되었다.

그럼에도 불구하고 우리가 '정신질환' 당사자로 취급되는 데에는 부당한 측면이 있다. 왜냐하면 자폐스펙트럼장애인(이하 자폐인), 주의력결핍·과잉행동장애인(이하 ADHD), 특정학습장애인듣기, 생각하기, 말하기, 읽기 등에서 어려움을 겪는 특정학습장애SLD, Special Learning Disorder를 가진 이들, 다시 말해 발달장애인의 뇌는 모두 고장이나 불량을 일으킨 것이 아닐뿐더러 우리 중에는 사회적 다수인 정형발달인이 어려워하는 일을 고유의 특성 덕분에 쉽게 해내는 이들도 있기 때문이다.

발달장애를 '뇌의 다양성' 측면에서 다시 이해하고자 하는 운동은 이러한 사실을 근거로 확대되어왔다. 이로써 발달장애인뿐만 아니라 정형발달인도 '뇌의 다양성'을 살아가고 있다는 개념이 지지를 얻고 있다. 우리는 의학적 견해를 잘 활용하는 한편 그것에 휩쓸리지 않도록 주의해야 한다. 적(?)은 곧바로 우리에게 정신질환자라는 꼬리표를 붙이고 싶어할 테니 말이다.

미국정신의학회APA가 발행하는 『정신질환의 진단 및 통계편람 제5판』(이하 관례에 따라 DSM-5라 칭함)이 현재의 진단 기준을 제공하고 있다. DSM-5는 최근의 ASD '유병률'을 1퍼센트, ADHD의 '유병률'을 아동의 약 5퍼센트, 성인의 약 2.5퍼센트라고 기술한다. 일본 문부과학성(2020)은 발달장애인 아동의 비율을 약 6.5퍼센트라고 발표한 적이 있다.

100명 중 1명 또는 2~3명, 5명, 6~7명이라는 숫자는 전체로 보면 압도적 소수이지만 인구로 환산하면 막대한 수치다. 게다가 발달장애의 특성이 확인되어도 진단에는 이르지 못하는 회색지대 사람들도 있다. 어떤 이들은 당사자, 회색지대, 미진단자를 합쳐 인구의 10퍼센트가 발달장애인이라고 추측하기도 한다. 10퍼센트는 엄청난 숫자다. 언젠가 지구상의 인구가 100억 명에 달한다면 10퍼센트는 10억 명일 테니까.

참고로 일본에서는 발달장애를 '발달 들쑥날쑥發達凹凸'으로 바꿔 불러야 한다는 의견도 있다. 발달장애를 뇌신경이 골고루 발달하지 않아 각 기능에 들쑥날쑥한 부분이 생겨난 것으로 이해하고 있기 때문이다. 옛날 위인전에서 어릴 때는 학교 공부에 뒤처졌다가 훗날 천재적인 기질이 드러나 큰일을 해냈다는 일화가 전해지는 사람들. 그들은 발달장애인이었(다고들 하)던 사람들이다.

그러나 모든 발달장애인에게 천재적 자질이 있는 것은 아니다. 그런 오해가 퍼지면서 자신의 기능에서 '날쑥한' 부분을 발견하지 못한 채 '들쑥한' 부분 때문에 고민하던 이들이 더욱 괴로워졌다. 발달장애인에 대한 미화는 금물이다.

—

나는 처음에 ADHD로 진단받았다. ADHD에 관한 정보를 수집하며 역시 맞았어, 이건 내 얘기야라고 생각했다. DSM-5의 전신인 DSM-IV-TR에서는 ADHD를 주의력결핍 우세형, 과잉행동·충동성 우세형, 그리고 양쪽 특성을 모두 가진 혼합형으로 분류하기에(APA) 나는 혼합형이구나라고 생각하기도 했다.

그 후 나는 새로 ASD와 ADHD 동반 이환을 진단받았다. 이번에는 ASD에 관한 정보를 수집하면서 으음, 나는 정말 ASD 그 자체로구나 하고 생각했다.

로나 윙과 주디스 굴드가 분류한 ASD 아동의 고전적인 세 가지 유형은 고립형, 수동형, 기이형인데(Wing, 1979), 발달장애 분야에서는 성인 ASD를 설명할 때도 간혹 이 유형론을 사용한다. 나는 이 세 유형 모두에 해당되는 것 같아 '뭐라고 콕 집어 말할 수 없네'라는 심정이 되곤 한다.

그러던 어느 날 '해리성 ASD'라는 개념을 알고는 역시 그랬군, 내 중심에 있는 것은 이거였어 하고 눈이 번쩍 뜨였다. 물론 이 개념은 남성보다 여성 자폐인에게서 자주 찾아볼 수 있다고 한다(柴山, 2017).

해리형 ASD에 대해 시바야마 마사토시는 이격detachment의 감각이 특징이라고 서술한다. 이격은 '나를 바라보는 나'가 자기 신체로부터 일탈하거나 다양한 외적 대상에 동화됨으로써 융합하는 상태, 또는 "마치 기체처럼, 때로는 입자처럼 주위로 흩어지는" 상태를 가리킨다. 시바야마에 따르면 해리형 자폐인은 인간사회의 스트레스를 회피하는 듯 '저 너머'의 세계, 자신이 과거 존재하던 고향과 유사한 위안의 장소인 '원시적 세계'에 마음을 둔다고 한다.

해리형 ASD가 있을 때 인간은 "감각의 홍수 속에 온종일 서 있"기에 감각을 진정시키려고 "일부러 바다, 옥상 위, 절벽 위 등을 찾아 세계와의 거리를 유지하며 자신을 향해서는 결코 압도적으로 다가올 일 없는 자연 속에 몸을 두고자" 한다. 또한 해리형 ASD는 가면을 쓴 인격으로서 '상상 속 친구imaginary companion'를 갖게 되고 "민낯이 드러나지 않는 가면을 쓰고 베일을 둘러 완전히 변신한 코스튬 플레이어 같은 존재"를 체현한다.

나는 이러한 의학적 견해를 나 자신의 ASD와 ADHD를 이해하기 위한 보조 장치로 활용했다. 어디까지나 보조 장치이며, 주요하게는 동료들과 교류하며 나에 대한 이해를 심화시키는 동안 ASD와 ADHD의 특징은 다양하게 나타나며 나에게도 나만이 지니고 있는 개성이 있다는 것을 깨달았다.

의학적 지식이 내 일면을 표현하고는 있지만 그것이 내 분신은 아니다. 똑같은 혼합형이라도 ADHD는 나와 당신, 그와 그녀에게

다르게 나타나고 당연히 각자에게는 상이한 인격과 신념과 취미가 있다. 해리형 ASD도 마찬가지다. 나는 나와 같은 해리형 ASD 동료에게 아주 강력하게 공명하는 편이지만, 한 사람 한 사람이 태어나 자란 역사와 인생의 경험, 가치관은 흥미로울 정도로 다르다.

위의 내용을 잘 이해해주시길 바란다. 나는 이 책을 나라는 유일 무이한 인간의 자기 해부 기록으로 쓰고 있다.

앞서간 이들에게 감사를

도나 윌리엄스, 템플 그랜딘, 모리구치 나오미, 구닐라 옐란드, 웬디 로슨, 케네스 홀, 리언 홀리데이, 토머스 A. 매킨, 이즈미 류세이, 니키 린코, 후지이에 히로코, 루크 잭슨, 악슬 브라운스, 히가시다 나오키, 아야야 사쓰키.

이것은 경애하는 선구자들의 이름이다. 이 책에서는 이들 자폐인의 자서전, 당사자 연구, 대담, 인터뷰를 폭넓게 활용했다. 일반적으로 자폐 당사자 남성은 여성의 네 배 정도라고 알려져 있지만(APA), 위에서 언급한 저자의 대다수는 여성이었다.

여성 자폐인은 진단받기 어려울 뿐 실제로는 그 수가 더 많을 수 있다. 그녀들은 어릴 때 "왠지 모르게 이상한 아이"로 취급받는다. 사회생활을 시작한 뒤 이직과 전직을 반복하면서도 "여자라서" 주목받지 않고, 아내와 엄마로 살아가기만 하면 사회적으로 문제시되기 힘든 데다, 전문의를 찾아간다 해도 당시 앓고 있는 정신질환을 원인으로 진단받는다. 남성과 비교해 사회 적응 기술을 익힐 수밖에 없는 처지라 쉽게 간과된다(砂川, 2015).

이 선구자들 가운데는 스스로를 '자폐증' '아스퍼거증후군' '전반적 발달장애' '고기능 자폐' 등의 당사자로 정체화하고 있는 사례도 있으나, 현재로서는 이런 분류보다 ASD로 통칭되거나 ASD와 ADHD를 동반 이환하고 있다고 해석되기도 한다. 이 책에서는 이들을 현재의 진단 기준에 맞춰 자폐인으로 보았다.

꽤나 놀랍게도 ADHD인이 쓴 자서전 형식의 작품은 만화로 종종 발견되긴 해도 일본 내에서 전통적인 형식으로는 찾아볼 수 없었다. ADHD는 ASD처럼 특이한 세계관을 구축하지 않기 때문에 자서전 등이 나오기에는 경향성이 조금 약한 것일까.

스즈키 다이스케의 『그래도 사랑스러운 아내님』처럼 가까운 사람이 관찰한 기록은 있지만 내부에서 바라본 것은 아니다. 이 책에서 만화를 활용하는 방법도 고려해봤는데, 장르 특성상 과장된 연출 요소들이 있어 단념했다. 그런 점에서 ADHD인의 체험적 세계를 내부의 시선으로 기술한다는 점은 이 책의 의의 중 하나라고 할 수 있다.

—

'발달 동료'와 직접 만나 교류할 때도, 책과 웹사이트에서 당사자의 서사를 접할 때도, 발달 특성의 다양성이 널리 알려지고 있다는 데에 놀란다.

나와 마찬가지로 ASD와 ADHD를 동반 이환하는 사례는 매우 드물다. 한 연구에 따르면 자폐스펙트럼장애가 있는 미취학 아동(이하 ASD 아동) 가운데 30~50퍼센트가 ADHD를 갖고 있다고 한다(David, 2012). 미래에는 '자폐·주의력결핍·과잉행동장애ᴀᴀᴅʜꜱ, Autism attention-deficit hyperactivity spectrum disorder'처럼 복합적인 것이 표준형이 될지 누가 알겠는가(의학 문외한이 멋대로 말해서 죄송합니다).

자폐인에게는 다른 발달장애인 발달성 운동협응장애ᴅᴄᴅ나 정신의학의 진단적 위치는 모호하지만 청각정보처리장애ᴀᴩᴅ가 흔히 발병하는데, 나 역시 마찬가지다. 사람에 따라 적응장애, 우울증, 양극성장애, 조현병, 해리성 정체감 장애(이른바 다중인격), 각종 성격장애를 2차 장애로 갖고 있을 가능성도 있다.

DSM-5는 자폐인 가운데 70퍼센트가 별도의 장애를 하나 더 갖고 있고, 40퍼센트는 두 가지 이상의 정신질환을 별도로 이환하고 있다고 한다. 도나 윌리엄스는 이런 실태를 두고 사과만 있는 것처럼 보이지만 실은 포도가 섞인, 포도뿐 아니라 자두도 섞인, 나아가 베리류와 몇 종류의 바나나도 들어 있는 '과일 샐러드'와 같다고 말한다(Williams, 2008).

'과일 샐러드'라니 좋은 비유 아닌가. 나는 멜론, 귤, 사과, 거봉, 복숭아, 망고, 바나나 과일 샐러드가 먹고 싶다. 뚝뚝 흐르는 다디단 과즙을 핥아먹으며 지복의 미각에 잠기는 것이다.

⁶ 당사자 연구를 합니다

—

이 책은 '발달 일원'이라 불리는, 절반은 현실세계에 있고(자조모임, 이벤트 바bar 등) 절반은 온라인상에 있는(트위터, 라인 등) 커뮤니티에서의 교류, 그리고 나와 내 동료들의 당사자 연구의 성과로 탄생했다.

당사자 연구란, 삶에서 어려움을 겪고 있는 당사자가 자신이 겪는 불편함의 구조를 스스로 고찰하고 동료들의 도움을 받으며 자신의 사고를 파고들어가 전체적 체계를 더 깊이 통찰함으로써 삶에서 겪는 어려움을 완화시키는 자조모임의 특성과 비슷한 연구활동을 뜻한다(자세한 내용은 248쪽 '다시 한번 당사자 연구에 대하여' 참조).

나는 나 자신의 성찰, 자기 연구(외톨이 연구 등으로 불림), '발달 일원'에서 알게 된 동료들과 의견을 주고받는 방식을 반복하며 당사자 연구를 진행했다. 모임에서는 내 경험을 먼저 말한 뒤 동료들로부터 답을 얻은 적도 있고, 반대로 동료들의 경험에 참고가 될 만하다고 판단해 내 경험을 말하면 이에 대해 동료들로부터 또 다른 반응이 돌아온 적도 있다.

그들과 만날 때마다 얻은 내용은 물론 나 자신에 대한 연구를 북돋우는 역할을 했다. '자기 스스로, 그리고 다함께'라는 당사자 연구의 표어(向谷地, 2005)에 들어맞게 성찰과 만남을 왕복했던 것이 이 책의 뼈대를 이루었다.

2. 수중세계

⋮

현실과 상상이 서로 침윤하는 시공간

내가 체험하는 세계에는 정신의학에서 '해리'라는 용어로 설명하는 요소가 있다.

일반적인 ASD와 ADHD는 현실과 꿈의 구별이 어려운 정도는 아니다. 그러나 나는 항상 현실이 꿈에 침식당하는 듯한 상태로 살고 있다. 현실과 꿈의 구별은 가능하지만 완전히 각성하는 것이 어렵다. 아야야『발달장애 당사자 연구』의 저자 아야야 사쓰키는 이를 "꿈 침입"이라 부르는데, "깨어 있는데도 꿈이 미끄러져 들어오는 상태"로 "특히 피곤하거나 졸리면 이런 상태에 놓이는 일이 잦다"고 설명한다 (2008). 나도 완전히 똑같다.

대학 시절 나는 오스트리아 작가 로베르트 무질의 희곡『열광자들』에 빠져들어 이 작품이 내 체험적 세계의 한 부분을 그리고 있다고 느꼈다.『열광자들』은 현실에 만족하지 못하고 가능성으로 존재하는 현실을 추구하는 20세기 시민들의 이야기인데, 극 초반이 '현실과 상상이 같은 정도로 재현되어 있어야 한다'는 설정으로 되어 있다.

무질이 이 작품에서 구현하고자 했던 것이 내가 지금부터 표현할 체험적 세계와 비슷하지 않을까 싶다.

⁸ 명료함을 안겨주는 문학과 예술
—

문학, 영화, 미술, 음악, 서브컬처 전반에 이르는 창작물, 이를 '문화 콘텐츠'라고 불러야 할 것 같지만 너무 거친 표현이니 이 책에서는 간단히 '문학과 예술'로 부르자. 유행가, 드라마, 만화·애니메이션, 게임 이야기도 등장할 텐데 모두 대중적인 '예술'로 치고 있구나라고 여겨주면 된다.

의식이 자주 혼탁해지는 탓에 나는 문학과 예술을 내 정신에 명료함을 가져다주는 계기로 만들어왔다. 그도 그럴 것이 문학과 예술은 혼돈스러운 우주에 명료함을 선사하는 것에 다름 아니기 때문이다.

　도호에도 중기의 하이쿠 시인의 『세 권의 책』을 통해 후대에 전해진 마쓰오 바쇼의 유어遺語. "사물이 보여준 빛, 마음에 남아 있는 동안 붙잡아야지"(潁原, 1939)를 발음해볼 때. 프랑스 시인 폴 발레리의 시 「해변의 묘지」를, "공정한 것 정오는 저기에서 화염으로 합성한다/ 바다를 쉼 없이 되살아나는 바다를!"(Valéry, 1933)로 옮겨 낭독해볼 때. 내 마음은 맑게 개어 정돈돼간다.

　문학이 아닌 예술에도 마찬가지 기능이 있다. 파블로 카잘스가 끼익끼익 소리 내며 연주하는 바흐의 「무반주 첼로 소나타」와 글렌 굴드가 또로롱또로롱 연주하는 「골드베르크 변주곡」을 들을 때. 소小 한스 홀바인의 그림 「대사들」에 숨겨진 해골을 비스듬한 시선으로 바라볼 때. 내 마음은 전시판展翅板 위에 고정된 나비의 날개처럼 깔끔하게 펼쳐진 듯, 피로가 날아간다.

〳둥둥 떠 있는

—

　나의 자기 이미지 중 하나는 인간의 신경계다. 아서 카브트리 감독의 「얼굴 없는 악마」라는 B급 호러영화가 있다. 이 영화에는 뇌 신경계 모형처럼 생긴 괴물이 등장한다. 인체 중 뇌만 남아 포르말린에 담겨 둥둥 떠 있는 괴물의 모습을 상상해보라. 징그러우면서도 어딘가 모르게 유머러스한 광경이다.

대학 입학 전 오에 겐자부로의 『죽은 자의 사치』(2018)를 처음 읽었을 때도 나는 내 체험적 세계의 편린을 보았다. 소설에 등장하는 학교 건물의 지하에는 알코올로 채워진 커다란 수조가 있고, 해부용 시체 여러 구가 그 속에 잠겨 있다. 지금도 나는 다음 대목을 읽을 때 오에와 마음으로 공명하는 것 같다.

죽은 자들 중 한 사람이 천천히 몸을 돌려 어깨부터 액체 속으로 깊이 가라앉는다. 경직된 팔이 잠시 액체의 표면 위로 드러났다가 그가 다시 한번 조용히 물 위로 떠오른다.

무질의 미완성 장편소설 『특성 없는 남자』(1978)에도 비슷한 분위기의 구절이 있다.

인간은 다른 모습으로 변해버렸다. 이미 전체적인 인간은 전체적인 세계와 대치하지 않고 인간적인 무언가가 일반적인 배양액 속에서 꿈틀거리고 있는 것이다.

무질은 20세기 전반의 정보사회를 위와 같이 표현한다. 이런 문

장에 평소 작가의 신체 감각이 삽입되어 있는 건 아닐까 상상하게
된다.

¹⁰ 너무나 아름다운 물속의 악몽

—

아야야는 "물의 필터"에 대해 말한다. 그녀는 "대인관계의 상호
작용을 따라가지 못하고 주위 사람들에게 버림받은 듯한 기분이
들었을 때, 감각포화나 경직freeze이 일어났을 때, 충격적인 사건을
접했을 때" "약 3센티미터 두께의 물렁한 비닐로 된 필터 같은 것
이 눈앞을 확 덮어 물속에 있는 것처럼 시야가 흐려진다"(2008)고
증언한다. 나로 말하자면 항상 '물의 필터'와 비슷한 무언가에 싸여
있는 느낌으로 살아가고 있고 이것을 '수중세계'라 부른다.

구스타프 클림트의 작품을 그리 좋아하는 편은 아니나, 어느 날
「일렁이는 물」 「물뱀」 「은빛 물고기」 등 물을 모티프로 한 그의 그
림을 보고 있자니 이유를 알 것만 같았다. 그가 이 작품에서 표현
한 감각은 내가 수중세계에서 겪는 고통스러운 순간의 분위기를
연상시킨다. 클림트의 고유한 체험적 세계와 내가 체험한 세계가
닮아 있기 때문이리라 짐작한다.

나는 1960년대와 1970년대 세계 각지의 사이키델릭 록 또는 애

시드 포크의 열렬한 애호가다. 퍼즈 톤의 몽환적인 소리가 파도를 만들며 거품을 내다가도 갑자기 햇살이 내리쬐듯 변화하는 음향 공간이 내 수중세계의 메타포처럼 느껴진다.

그레이트풀 데드Greatful Dead 1960년대 중후반 미국의 사이키델릭 록과 히피 문화의 중심에 있던 5인조 밴드와 하다카노 라리즈1960년대에 파격적인 음악으로 인기를 끈 일본의 사이키델릭·아방가르드 록 밴드 이들의 음악은 고통뿐 아니라 고통에서 벗어난 지복의 순간까지 표현하고 있어 클림트와 정반대의 세계관을 엿보게 해준다. 물론 그들은 아마 약물의 힘으로 그러한 체험적 세계를 얻었을 것이다.

영화를 보며 내 체험적 세계와 가깝다고 느낀 것은 컬트적 인기를 자랑하는 데이비드 린치 감독의 모든 작품(특히 「멀홀랜드 드라이브」)과 페드로 알모도바르 감독의 모든 작품(특히 「부서신 포옹」)이다. 린치는 지나치게 아름다운 악몽이라고 할 만한 영상 감각에서, 알모도바르는 B급 감성이 흐물흐물한 현실감을 제공한다는 점에서 비슷하게 느껴진다.

굳이 의학적 견해를 빌린다면 이 체험적 세계는 첫째, ASD의 감각과민에서 유래한다고 한다. 시각 및 청각의 과민함과 그에 따른 피로가 현실을 물속의 세계처럼 감각하게 만든다.

둘째, ADHD에서 비롯된 과잉행동과 그에 따른 피로가 몽롱한 감각을 일으키고 있다는 설명이 가능하다. 셋째, 발달성 운동협응장애 때문에 몸이 전체적으로 기우는 현상과 관련 있을 것이다. 나는 전정감각이 약하고 "내 신체의 각 부위가 어떻게 연결되어 있는지 인지하지 못하며, 움직일 때 신체를 어떻게 사용해야 할지도 모른다"(Gerland, 2000). 즉 수용감각이 약한 내 고유의 특성이 물속에서 움직이는 듯한 느낌을 갖게 한다. 넷째, 아마도 자신의 감각과 세계의 이미지를 강박적으로 추구하는 ASD의 특성이 이 느낌을 강화시키고 있을 것이다. 다섯째, 해리에 따른 환상적 시공간의 생성이다.

만약 뇌 가소성이 높은 어린 시절에 신경계의 발달을 촉진하는 감각통합치료를 받을 기회가 있었다면 지금과 같은 느낌은 잃어버렸을지도 모른다(巖水他, 2009). 치료를 받았다면 이 세계로 들어올 수 없었을 테니 받지 않아서 다행이라고 생각한다.

삼투압을 느끼다

도겐道元, 1200~1253, 일본 선종 교파 중 하나인 조동종曹洞宗의 창시자 선사가 쓴 『정법안장正法眼藏』「산수경」(2006)에는 물을 보는 관점처럼 만물을 보는 관점도 다양하다는 대목이 있다.

일반적으로 산과 물을 보는 관점은 사람에 따라 다르다. 일수사견一水四見이라고 하듯이 천상계의 사람은 물을 보석 유리알로 보지만 유리알을 물이라고 여기지는 않는다. 천상계의 사람은 중생이 보는 무엇을 물로 간주하는가. 천계의 보석을 중생은 물이라 여긴다. 물을 지극히 아름다운 꽃으로 여기는 사람도 있지만 그렇다 해도 꽃을 물로서 쓰는 것은 아니다.

나는 내가 있는 시공간을 그야말로 일수사견처럼 느낀다. 시시각각 농도가 바뀌는 수용액 같다. 이 수용액 속에서 삼투압을 느끼며 흔들리고 있는 물체로서 나는 존재한다.

대학원생 시절 하이데거의 『존재와 시간』을 원서로 읽으며 생물학의 '환세계umwelt'를 알게 되었을 때, 다시 말해 벌bee은 벌이, 공작은 공작이, 인간은 인간이 체험하는 주관적 세계에 산다는 생각을 바탕으로 '존재 내 시간'이라는 개념이 탄생했다는 것을 알게 되었을 때도 나는 나만의 고유한 세계에 살고 있다고 느꼈다.

수용액 속에서, 주변 환경에 적응하며, 나라는 물체는 끊임없이 흔들리고 있다.

3. '에스es'의 권역

⋮

¹²**실행기능장애 1**

—

ASD와 ADHD에는 실행기능장애라 불리는 것이 있다. 이는 다양한 상태의 총칭인데, 부자유한 신체 조작이 그중 하나다.

히가시다는 "우리는 내 몸조차 내 마음대로 되지 않고, 가만히 있지도, 하라는 대로 움직이지도 못해서 불량품 로봇을 운전하는 듯합니다"라고 말한다(2007).

잘 아는 감각이다. 나도 어린 시절에는 안노 히데아키의 만화 『신세기 에반겔리온』에 등장하는 거대한 인조인간 위에 올라타 양수 같은 액체로 채워진 조종실에서 "움직여, 움직여, 움직이라고! 움직이란 말이야!"라고 외치며 조종관을 잡고 이리저리 흔드는 듯한 기분이 들었다. 그 정도로 내 몸은 제대로 움직여주지 않는다. 매일 어딘가에 부딪히고 넘어진다.

어느 가을날 캠퍼스에서 충격적인 일이 일어났다. 얼굴에 끈적끈적한 액체가 느껴졌다. 얼굴을 만져본 나는 미간에서 피가 분출하고 있다는 것을 알게 되었다. 전날 태풍 때문에 자전거 주차장의 철제 지붕이 굽어 있었는데, 그곳을 들이박은 것이다. 나는 성형외과에 가서 처치를 받고 몇 주 동안 머리에 붕대를 감게 되었다. 각도가 조금만 더 틀어졌다면 한쪽 눈을 실명했을지 모른다.

때로는 로봇 조종이라기보다 내 몸을 리모컨으로 조종하는 듯한 감각이 들기도 한다. 아라키 히로히코의 만화 『조조의 기묘한 모험』에서는 유체 이탈하듯 초인적인 능력이 발휘되는 '스탠드'라는 개념이 등장한다. 나는 그 스탠드 편에 서서 능력을 잃어버린 쪽의 육체를 움직이려고 하는 듯한(당연히 움직이지 않는다) 감각을 느낄 때도 있다.

구마가야는 자폐인을 가리켜 "일상에서 문자 그대로 중동태를 살아가고 있는 존재라 할 수 있습니다"라고 말한다(國分/熊谷, 2020). 중동태란 인도·유럽어족의 문법으로 대다수의 언어에서 쓰이지 않게 되었다. 지금은 능동과 수동을 한 쌍으로 치지만 고어에서는 능동과 중동이 한 쌍을 이루고 있었다고 한다.

고쿠분 고이치로에 따르면 "능동과 수동의 대립에서는 하느냐

당하느냐가 문제가 되는 데" 비해 "능동과 중동의 대립에서는 주어가 과정의 외부에 있는지 내부에 있는지가 문제다". 가나야 다케히로가 지적하듯이 "형태는 수동, 의미는 능동"이라고 표현할 수도 있다(2004). 나는 실제로 수중세계의 현현이라는 '과정'에 나를 수납한 채 움직인다. 또는 수중세계에 수납된 채 열심히 움직이고 돌아다니려 하는 중동태 속에 있다고 느낀다.

아마도 인간은 혹은 생물은 모두 중동태를 살아가고 있을 텐데, 특별히 환자나 장애인이 취약하기 때문에 그 점을 잘 느끼는 것 같다. 그리고 자폐인에게는 더 강하게 느껴지는지도 모른다.

그렇다면 왜 자폐인은 특히 더 잘 느낄까?

13 마법의 세계

—

무라카미 야스히코는 자폐인이 "과자를 원할 때 상대에게 자기 의사를 전달해 과자를 얻으려 하기보다는 어떤 상황에서 '열려라 참깨!'라는 주문을 외치면 과자가 나올 것만 같은 느낌"을 갖고 있다고 지적한다(2008). 즉 "의사소통이 아니라 주문"이며 "본질적으로는 대인관계가 개재되어 있지 않다"는 것이다.

뼈를 때리는 말이다. 그러나 이 문제를 생각하는 데 있어 우리가 일종의 이문화異文化를 살고 있다는 점을 이해해야 한다. 그도 그럴 것이, 무라카미 자신도 "자폐증 권역에서 보면 정형발달인의 습관은 완전히 이문화다" "아스퍼거증후군이 있는 사람은 이문화를 살고 있지만 자신의 문화는 이해받지 못할뿐더러 문화가 다르다는 점조차 알려져 있지 않아서, 어떤 이는 스스로도 정형발달과는 다른 문화를 살고 있다는 사실을 깨닫지 못한 채 어긋남에서 오는 문제들로 인해 고통받을 수 있다"고 말하기 때문이다 (2008).

나와 동료들이 살고 있는 이문화란 종종 '마법'이 일어나는 세계, 더 나아가 스스로는 마법의 제어나 운용이 불가능한 세계다. 이 마법의 세계라는 표현은, 자폐아동은 앞으로 일어날 일을 예측하기 어려우며 그들에게는 사선이 이 무렵게나 일어나는 것처럼 체감되기 때문에 세계는 질서 잡힌 장소가 아니라 마법처럼 나타난다는, 파완 신하가 이끄는 연구팀의 연구 결과에 바탕을 두고 있다 (2014).

토머스 A. 매킨은 공포가 자폐인의 감정의 주류를 차지한다고 지적한다. "내가 무엇을 두려워하는지 스스로는 알지 못할 때가 많지만, 나는 이 공포가 감정의 과부하 때문이라고 생각한다. 누구도 믿을 수 없는 상태다."(2003) 감각과민과 과집중 때문에 우리는 감정이 과잉적재되어버린다. 그래서 심리적으로 무방비 상태가 되고 마법의 세계에 내던져진 듯한 기분이 드는 것 아닐까.

프란츠 카프카는 연인에게 보내는 편지에서 "우유가 든 컵을 입으로 가져가는 것조차 두렵습니다. 그 컵이 눈앞에서 산산조각 나 유리 파편이 얼굴에 튀는 일이 일어나지 말라는 법도 없기 때문입니다"라고 썼다(2014). 나도 이런 유의 상상 때문에 늘 겁에 질려 있다. 그리 머잖은 미래에 핵전쟁이 일어나 내가 살고 있는 교토에 수소폭탄이 투하될 것만 같다. 우리에게는 플래시백도 잘 일어난다. 잇따라 일어나는 과거의 추체험은 마법에 걸린 듯한 착각을 불러일으킨다.

물론 정형발달인의 세계에서도 이런 의미의 마법적 요소는 있을 것이다. 누구든 자신에게 일어나는 일을 완전히 파악할 순 없고, 미래에 무슨 일이 일어날지도 거의 알 수 없기 때문이다. 우리가 사는 세계에도 현실은 있다. 어떤 이들은 현실 세계에 거주하고, 다른 이들은 마법의 세계에 나뉘어 살고 있다고 말한다면 과장일 것이다. 하지만 정형발달인은 마법이 섞인 현실 세계를 사는 반면 우리는 현실적 요소를 머금은 마법의 세계에 살고 있다고, 조금은 신중하게 나눠본다면 타당하지 않을까.

이처럼 마법의 세계에 살고 있다는 것은 중동태의 상태를 말한다. 그곳에서는 많은 것이, 군지 페기오-유키오의 책 제목을 빌려 말한다면, "다가온다".

자폐인이 현행 규칙을 깰 때 그를 마법의 세계에 사는 주민으로서 납득해야 한다고 말하려는 게 아니다. 현행 규칙이 살아 있는 동안에는 어디까지나 그 규칙에 따라 문제가 해결되어야 한다고 본다. 그렇지만 농후한 마법의 세계를 사는 이문화의 병존을 인식하는 행위는 정형발달인에게도 다채로운 사회로의 변화를 의미할 것이다.

¹⁴실행기능장애 2

—

하이데거는 『존재와 시간』에서 인간의 본질을 '현재에 존재함'을 인식할 수 있는 장소로 여기고, 인간을 '현존재'라 부른다. 인간이 세계에 관여할 때의 '환세계'가 주목받고 현존재의 특징이 세계-내-존재로 규정된다(2001). 세계-내-존재로서의 인간, 즉 현존재의 존재 방식은 다양한 사건과 타자에 대한 '염려'에 있고 인간 생활이 도구의 사용 없이는 수행 불가능하다는 점으로부터 '세계 내에 존재하는' 데 '몰입'한다고 지적하는데, 나는 행동을 일으킬 때마다 몰입하기 위해 하이데거의 설명을 전적으로 받아들인다.

자폐인이 도구와 인간을 마주하는 방식에 대해 아야야 사쓰키는 어포던스affordance, 즉 사물이 인간에 대해 행동을 촉진하는 모습이 '포화' 상태라고 설명한다. "외부 세계의 모든 사물이 우리를 향해 자신이 무엇인지 '자기소개'를 한다. 동시에 사물들은 '먹을래?' '던질 거야?' '걸을래?'처럼 내 행동에 대한 선택을 하라고 자기주장을 한다."(2008)

아야야가 말하는 어포던스는 '발달 일원'에게서도 감이 안 잡힌다는 의견이 많은데, 공간의 문제가 아닌 시간의 문제로 보면 알기 쉬울 것 같다. 자폐인과 ADHD인은 우선순위를 정하는 것이 어려워 여러 일을 건드리고, 무의미한 행동에 시간을 빼앗기며 힘든 삶을 살고 있기 때문이다.

우리는 이처럼 '무수한 소용돌이'(라고 내가 부르는 것)에 휩쓸리며 살아가고 있다.

¹⁵ 주의력결핍

―

DSM-5가 ADHD의 진단 기준으로 '부주의'에 대해 기술한 부분을 보면 암담한 기분이 든다.

a. 종종 세부적인 면에 대해 면밀한 주의를 기울이지 못하거나, 학업, 작업 또는 다른 활동에서 부주의한 실수를 저지름(예: 세

부적인 것을 못 보고 넘어가거나 놓침, 작업이 부정확함).

b. 종종 과제를 하거나 놀이를 할 때 지속적으로 주의집중을 할 수 없음(예: 강의, 대화 또는 긴 글을 읽을 때 계속해서 집중하기 어려움).

c. 종종 다른 사람이 직접 말을 할 때 경청하지 않는 것처럼 보임(예: 명백하게 주의집중을 방해하는 것이 없는데도 마음이 다른 곳에 있는 것처럼 보임).

d. 종종 지시를 완수하지 못하고, 학업, 잡일 또는 작업장에서의 임무를 수행하지 못함(예: 과제를 시작하지만 금세 주의를 잃고 쉽게 곁길로 샘).

e. 종종 과제와 활동을 체계화하는 데 어려움이 있음(예: 순차적인 과제를 처리하는 데 어려움, 물건이나 소지품을 정리하는 데 어려움, 지저분하고 체계적이지 못한 작업, 시간 관리를 잘하지 못함, 마감 시간을 맞추지 못함).

f. 종종 지속적인 정신적 노력을 요구하는 과제에 참여하기를 기피하고, 싫어하거나 저항함(예: 학업 또는 숙제, 후기 청소년이나 성인은 보고서 준비하기, 서류 작성하기, 긴 서류 검토하기).

g. 과제와 활동에 꼭 필요한 물건들(예: 학습 과제, 연필, 책, 도구, 지갑, 열쇠, 서류 작업, 안경, 휴대폰)을 자주 잃어버림.

h. 종종 외부 자극(후기 청소년과 성인의 경우는 관련 없는 생각들이

포함될 수 있음)에 의해 쉽게 산만해짐.

i. 종종 일상적인 활동을 잊어버림(예: 잡일하기. 심부름하기, 후기 청소년과 성인은 전화 회신하기, 청구서 지불하기, 약속 지키기).

신경다양성이 인정받고 사회가 우리의 주의력결핍을 관용적으로 대한다면, 우리 상황을 고려해 안전한 시스템을 구축한다면, 모두 해결될 수 있는 문제다. 그러나 지금 세상은 과도기에 있기에 우리 쪽에서 대책을 세워야 한다. 이 주의력결핍 특성은 처방 약이나 다양한 일상의 궁리(라이프 핵lifehack)로 완화될 수 있다. 나의 가장 큰 라이프 핵 두 가지를 말해보려 한다.

하나는 내가 '기억의 아웃소싱'(또는 '기억의 외주화')이라 부르는 것이다. 대단한 건 아니고, 레비소형 인지저하증을 앓고 있는 허구치 나오미가 『오작동하는 뇌』에서 '기억의 외부화'라고 부른 개념이다.

나는 평소 끊임없이 스마트폰을 조작하며 구글 도큐먼트에 무언가를 쓴다. 구글 도큐먼트를 사용하는 이유는 컴퓨터는 물론 태블릿에서도 접근 가능해서이고, 더욱이 아이콘이 내가 좋아하는 파란색이라 설레기 때문이기도 하다. 폰트는 검은색을 기본으로, 강조하고 싶은 부분은 파란색으로 하며 글자 크기를 키울 수도 있다. 메모하는 곳을 하나로 통일하면 주의력결핍은 대체로 '장애'가

되지 않는다.

또 하나는 내 응석을 받아주는 것이다. 즉 나를 어르며, 마음의 소리에 귀 기울여 가능한 한 하고 싶은 대로 하도록 허용한다. 가능한 만큼 응석을 받아줌으로써 이완 상태를 얻을 수 있고 주의력결핍에 따른 실수를 줄일 수 있다. 나 자신한테 엄격하게 대하면 긴장 상태에 놓이고 주의력결핍으로 인한 실수가 도미노 무너지듯이 발생한다.

주의력결핍으로 힘들어하는 동료들에게는 자신의 응석을 끝까지 받아주라고 권하고 싶다. 물론 다른 사람에게 폐를 끼치지 않는 범위 내에서.

16 실행기능장애 3

—

줄리언 슈나벨의 영화 「잠수종과 나비」의 주인공은 전신의 신체 기능을 잃고 겨우 움직일 수 있는 왼쪽 눈으로 의사소통을 하는 '감금 증후군' 상태의 남성이다. 그는 자신이 잠수복을 입고 바다에 하염없이 가라앉는 듯하다고 느끼는데, 나 역시 그런 감각을 자주 느낀다.

빌 에번스와 짐 홀의 재즈 명반 「언더 커런트」의 흑백 재킷에는 드레스를 입은 여성이 수장되듯이 물속에 떠 있는 사진이 실려 있다. 이 이미지 역시 내 신체감각을 떠올리게 하기에 마음에 든다.

이렇듯 발달장애의 실행기능장애는 원래 물과 관련 있는 것이 아닌데도 내게는 물과 연관지어 이해되고 있다.

문제의 핵심은 발달성 운동협응장애에 있다. 동료들 가운데 전신의 움직임(대동작 협응운동이라 불린다)과 손끝의 섬세함(소동작 협응운동이라 불린다)이 뛰어난 사례는 극히 드물다고 할 수 있다. 소동작 협응에 뛰어나고 대동작 협응에 서툰 사람은 나름 많다. 나는 대동작 운동과 소동작 운동 모두 서툴다. 즉 '운동신경이 없고 손끝이 야무지지 못하다'는 뜻이다. 나는 이런 의미에서 물속 바닥에 잠겨 있는 누름돌 같다.

¹⁷ **교통사고**

—

ADHD인은 교통사고를 당하기 쉬운 경향이 있다(小青能, 2020). 실행기능장애를 놓고 보면 이상한 일은 아니다. 사회 모델을 지지하는 내 입장에서 본다면 우리는 교통사고를 당하기 쉬운데도 그 사실을 무시한 교통제도가 활개를 치고 있는 것이 이상하다고 말할 수 있다.

어느 봄날 나의 암울함은 극에 달해 위험한 길에서도 주변을 제대로 보지 않은 채 걷고 있었다. 차가 달려와도 내 굴절된 마음은 얼굴을 들지 못하게 했다. 결국 나는 자동차에 치이는 경험을 하고 말았다. 그때 나는 짧은 시간 동안 물의 세계에서 해방되었다. 다시 말해 완전한 각성을 경험했다. 나는 내가 육상생물(?)이 되었다고 느꼈다.

그래서 나는 교통사고를 일으킬 수도 있는 실행기능장애가 어떤 흥미로운 사실을 보여주고 있다고 생각한다. 바로 '에스es'다.

[18] 비인칭주어 '에스'와 마주하다

—

"나는 생각한다. 고로 존재한다." 실제로 데카르트 자신은 이런 명제를 쓴 적이 없다고 하지만 자아를 사고의 기점에 두는 17세기의 이 명제가 근대적 사고에 절대적인 영향을 미쳤다는 사실은 잘 알려져 있다. 중동태에 대한 논의도 그런 배경에 대한 반성 중 하나라고 할 수 있다. 독일어권에서는 자아를 중심에 둔 데카르트의 명제에 대항해 '에스'를 통한 상대화라는 관점이 나타났다.

'에스'란 독일어의 삼인칭단수 대명사 'es'를 의미한다. 이는 영어의 'it'에 해당되며 비인칭주어로서 기능하고 날씨나 시간 등을 표현할 수 있다. 또한 'Mir geht es sehr gut(내 상태는 아주 좋다)'처럼 감각의 조어로서도 사용된다. '에스'는 막연한 전체적인 상황에서 어떤 때에는 날씨, 어떤 때에는 시간, 어떤 때에는 감각으로 분화된다.

독일어에서 'Es gibt~'(~가 존재한다, 영어의 There is/are~)라는 구문도 'es'를 주어로 삼는다. 이를테면 'Es gibt eine Kugel'이라는 문장이 있을 수 있는데, 이는 특정한 상황이 한 개의 구球를 전달한다는 뜻으로 '한 개의 구가 존재한다'는 의미가 된다.

단서는 18세기의 게오르크 크리스토프 리히텐베르크에게서 주어졌다. 그는 후세에 유명해진 개성적인 『스크랩북』에서 "Es blitzt(번개가 친다)"라고 표현했듯이 'Ich denke'(나는 생각한다=내가 생각한다)가 아니라 'Es denkt'(생각이 나타난다=상황이 생각한다)고 보는 것이 맞는다는 착상을 기록했다.

요한 고틀리프 피히테, 프리드리히 빌헬름 요제프 폰 셸링, 루트비히 안드레아스 포이어바흐, 에두아르트 폰 하르트만 등이 리히텐베르크로부터 자극을 받아 'Es denkt'에 대해 각각 철학적 고찰을 발표한 데 대해 다가이 모리오互盛央는 전체적인 이미지를 소개하고 있다(2010).

나는 대학원생 시절 프리드리히 니체의 『선악의 저편』과 에른스트 마흐의 『감각의 분석』을 원서로 읽을 기회가 있어, '에스'에 대한 그들의 언급을 접하고 이 문제에 눈을 떴다. 그로부터 여러 해 뒤 다가이의 논의를 알게 된 나는 지크문트 프로이트의 정신분석, 무의식론이 '에스'에 논의의 전체적 초점을 맞추고 있음에도 불구하고 이를 인식론상의 문제로 소개하고 있다는 데 거부감을 느꼈다.

물론 애초에 리히텐베르크가 스스로 번개의 비유에서 밝힌 것처럼 그는 섬광이 영감의 발생이라는 인식론적 문제를 염두에 두고 있었을 것이다. 그러나 'Es denkt'는 인식론일 뿐 아니라 존재론이기도 하다. 그도 그럴 것이, 인간사회 내에서 각종 정보 네트워크, 나를 이 세상에 태어나게 한 부모와 그로부터 거슬러 올라가는 무수한 선조들, 살아가기 위해 필요한 공기, 물, 식량, 생활 환경, 사회 제도 등 무수한 계기가 '나는 생각한다'에 앞서 '내가 생각한다'를 가능케 했다고 할 수 있기 때문이다.

이를 무겁게 받아들일 때 비로소 '생각이 발생한다'는 상황의 주체를 '나'라고 할 수 있겠지만, 사실 진정한 주체라고 하는 것은 그 무수한 계기, 즉 전체적인 상황 속에서의 '에스'라고 해야 하지 않을까. '에스'가 중심에 있고, '나'는 사고와 행동을 외부로 시현하는 '장소'와 같은 것이 아닐까.

하이데거는 1919년의 강의 '철학의 이념과 세계관 문제'에서 'Es weltet'(세계가 발생한다)라고 말했다(1999). 독일어 명사 'welt'(세계)는 영어의 'world'가 그렇듯이 보통 동사로는 사용할 수 없다. 그러나 하이데거는 이를 무리하게 'welten'(세계하다)라는 조어로 만든다(영어권에서는 'It worlds'로 번역된다). 그는 이 조어를 통해 '세계'가 우리에게 일어나 다가오는 방식으로 경험된다고 생각했던 것이다.

가나야는 중동태 기능의 본질을 "행위자의 부재, 자연의 위력의 표현이다"(2004)라고 지적한다. 과거 야마다 요시오가 일본어의 자발 표현을 '자연세自然勢'라 부르고, 호소에 잇키가 이를 이어받아 인도유럽어에도 '자연의 위력'이라는 표현으로서 중동태가 존재한다고 주장했다(1928). 가나야의 '자연의 위력'이라는 형용은 이 전통에서 유래한다.

영어와 독일어 등의 비인칭주어는 중동태의, 혹은 최소한 중동태의 기능 일부를 현대로 계승한 것이다. '에스'는 인간이 제어할 수 없는 자연, 총체적인 파악을 거부하는 무언가 거대한 것을 표현하고 있다. 우리는 언어를 엮는 행위를 할 때도 본질적으로는 '에스'의 바다에서 길어올린 것을 각자의 생각대로 엮는다. 오사와 마사치는 "언어 그 자체가 본질적으로 중동태적인 현상"이라고 말하는데(2020), 이는 언어가 '에스'라는 얘기나 다름없다.

그래서 우리는 전체적인 상황으로서의 '에스'가 '나'에게 작용하는 최전선을 언어와 나란히 신체와 뇌를 통해서도 볼 수 있는데, 이에 대해 독자들은 어떻게 생각할지 궁금하다. 적어도 나는 항상

내가 있는 상황과 환경이라는 '커다란 에스'가, 내 신체라는 '중간
정도의 에스'와 나의 무의식으로서의 '작은 에스'를 통해 내 의식을
촉발한다고 느낀다.

압도적으로 광활한 물속에서 우리는 흔들리고 있다.

4. 식물

⋮

[19] 수중세계를 초월한 순수수와 푸른색

—

내가 평소 거주하는 '수중세계'는 물론 친숙하긴 하지만 나를 궁지로 깊이 몰아넣는다. 나는 진짜 맑은 물, '순수수水'를 갈망하고 있다. 물에 대한 이 같은 동경은 동료들 사이에서도 널리 공유되고 있다. 어떤 이는 바다를 예찬하고 어떤 이는 수영장에 들어가고 싶어한다.

짐 홀은 쓴다. "때때로 나는 바다를 위해 태어난 게 아닌가 하고 느낄 정도다. 바다와 관련된 것은 뭐든 좋다—파도 소리, 풍경, 분위기까지."(2001) 히가시다는 왜 물속을 좋아하는가라는 질문에 "우리는 원시의 감각을 남긴 채 태어난 사람이라서", 현실에서는

"자유가 없다"고 느끼며 "물속에 있으면 조용하고 자유롭고 행복"해서 "물 비슷한 것이 끊임없이 흐르기만" 해도 "쾌감"을 느낀다고 답한다(2007).

물이 햇살 아래서 파랗게 빛나는 풍경을 보면 늘 흥분을 감출 길이 없다. 하늘의 푸른빛, 주변에 있는 파란 것에 대한 집착이 생겨난다. 파랑은 자폐인을 상징하는 색상으로, 국제연합UN이 정한 '세계 자폐증 인식의 날'인 4월 2일에는 일본에서도 곳곳이 파랑으로 물든다. 파랑은 일반적으로도 인기 있는 색이지만 빨강에 비하면 인기가 떨어진다. 그러나 자폐아동들 사이에서 파랑은 빨강보다 친숙하고 가장 인기가 많다(京都大學, 2016).

로슨은 쓴다. "내 마음에 드는 색은 깊은 에메랄드 블루, 군청색, 보라색, 청록색. 그리고 이 색들 사이에 있는 거라면 뭐든 좋다."(2001) 이와 똑같이 느끼는 동료가 많아서 그들 역시 문구, 가구, 생활용품, 의류 등이 죄다 파란색이다. 나는 캔커피와 캔주스를 마실 때조차 되도록 파란색 캔을 산다.

20 온수욕과 냉수욕을 번갈아서

—

약을 먹고 잘 자면 머리가 맑아진다. 그래도 내 수중세계에서 나갈 수는 없다. 수중세계를 초월한 순수수를 발견할 수 있는 곳은 목욕탕과 헬스장의 사우나다.

온수욕과 냉수욕을 몇 번이고 번갈아 하다보면 평소의 수중세계에서 벗어나 짧은 순간이지만 순수수에 휘감긴다. 순수수에 휘감기면 동물에서 식물로 변하는 기분이 든다.

물론 일반적인 화법으로 말할 수도 있다. 체온을 높이거나 낮춤으로써 자율신경계를 정돈하는 것이다.

21 식물 예찬

아야야는 "번잡한 인간세계의 규칙을 잘 모르는 내게 가까이 다가와 감싸안아준 것은 늘 초목과 꽃들이 내뿜는 부드러운 에너지와 같은 것이었다"라고 회상한다(2008). 히가시다는 "실제로 있을 순 없는 이야기"라고 잘라 말하면서도 "빛과 모래와 물에 애착을 느끼는 자폐인들 중에는 인간의 유전자 외에도 식물 같은 요소를 갖는 유전자가 있지 않나 하고 생각하면 정말 흥미롭다"(2010) "우리의 이상적인 거주지"는 "숲속 깊은 곳 아니면 심해의 바닥밖에 없다"(2007)고 설명한다.

자폐아동과 정형발달아동을 비교하면 녹색은 두드러지게 자폐아동들에게 사랑받는다는 연구 결과도 있다(京都大學, 2016).

나는 윤회, 환생, 불멸을 믿지 않지만 만약 다시 태어난다면 "촉촉한 물가의 양치식물"이 되고 싶다고 대답한다. 암수 양성이고 고사리처럼 잎을 돌돌 만 채 즐겁게 살다가 지나가는 들염소에게 와구와구 먹혀서 일생을 마치고 싶다.

『벽암록』 제82칙도 재미있게 읽었다. "육신은 무너집니다. 그런데 진리라는 것은 견고합니까?"라고 묻자 대룡선사는 "산의 꽃은 피어 비단처럼 곱고, 강의 물은 쪽빛처럼 맑구나"라고 답한다(入矢僧, 1996). 산의 꽃이 피고 강이 풀밭 위를 흐르는, 식물뿐인 풍경은 황홀하다.

나는 대기가 항상 물기로 가득 찬 우기가 즐겁다. 사람들은 대체로 장마와 태풍을 싫어하지만 우기에는 인간과 세계가 '동기화'된 느낌이 든다. 동남아시아와 남미의 기후에 나는 로망을 갖고 있다.

22 투명화(광합성)

―

나는 종종 내가 투명해진 듯한 체험을 한다.

구닐라 옐란드는 다음과 같이 표현하고 있다. "내가 투명해진 듯한 감각, 맞은편에서 사람이 와도 내 안을 통과해 뒤로 빠져나갈 것 같은 감각, 마치 내가 완전히 다른 물질이 된 듯한 감각이었다. 감각적이기만 한 것이 아니다. 지금은 머리로 생각해도 주변과 나 사이에 어떤 관계가 있다고 파악되지 않는다."(2000) 나도 종종 이런 투명화를 경험한다.

투명화의 트리거는 다양하지만 대부분의 원인은 맞은편에서 '다가오는' 방식에 있다. 자율신경을 정돈해 건강한 상태가 되었을 때 자주 일어난다. 그러나 컨디션이 나쁠 때도 '투시'를 하면 완화된 투명화가 일어난다.

도나 윌리엄스는 말한다. "사물 자체를 보지 않고 맞은편을 투시하듯 보는 것처럼, 무언가 다른 사물을 보고 있는 것처럼 보이도록" 한다. 불안한 감정으로 힘들 때 "내 주변에서 일어나는 일을 받아들이고자 시각을 통해 그 일을 간접적인 것으로 변환시켜 공포심을 제거하려" 함으로써 신체 감각을 투명화한다(1993).

우타 프리스는 ASD의 기본 특성을 "약한 전체적 통합력"에서 찾는데, 자폐인에게는 "문맥을 무시하는 독특한 능력"이 있어, "대상을 하나의 전체로서, 게슈탈트로서 보려 하는 자연스러운 경향"이 약하다고 설명한다(2009).

나는 이 특징이 우리의 투명화와 관계있지 않을까 생각한다. 우리의 감수성은 전체적인 통합성에 대해 냉담하기 때문에 사물과 신체에 대한 감각을 완화시켜줄 수 있는 것이다. 아야야는 '자폐'를 "신체

안팎에서 들어오는 정보를 축소해 의미와 행동으로 정리하는 것이 느린 상태. 한번 생성된 의미와 행동의 정리 패턴도 쉽게 해체된다"(2008)고 정의한다. 이 정리되지 않음, 해체되기 쉬움이 투명화로 체감된다.

이 투명화를 나는 '광합성'이라고도 부른다. 빛 속에서 이산화탄소를 흡수해 산소를 내뱉는 식물처럼 체감하는 것이다.

23 투명화의 공포와 쾌락

—

옐란드는 창고에 갇혔을 때 느낀 투명화의 공포에 대해 서술한다. "신체마저 빼앗기고 말았다. 위인지 아래인지 하는 개념도 더는 존재하지 않는다. 무엇이 나이고 무엇이 방인지 구분하는 감각도 없다. 내가 다른 물질로 변한 듯한, 예컨대 어떤 기체가 된 듯한, 얇어지고 있는 듯한 기분이었다."(2000)

투명화는 환희로 체험되기도 한다. 미야자와 겐지는 「다네야마가하라 고원」이라는 시의 초고에서 '제1형태'를 노래한다.

하늘의 줄무늬처럼 켜켜이 흐르는 산등성이와/ 조용히 조용히 부풀었다 가라앉는 하늘 끝 선/ 아아 만물이 모두 투명하다/ 구

름이 바람과 물과 허공과 빛과 씨앗인 먼지로 되어 있을 때/ 바람
도 물도 지각도 그리고 나도 그것과 똑같이 만들어져/ 실로 나는
물과 바람과 그것 씨앗들의 일부분이고/ 내가 그걸 느낀다는 건
물과 빛과 바람 전체가 나라는 것이다

투명화가 두 종류인 것이 아니라 투명해졌을 때 자신이 불안에 노
출되면 공포로 느껴지고, 지복감에 충만하다면 은총이 되는 것일 테다.
투명화는 삶의 고통을 일시적으로 줄여주는 힘을 지니지만, 그
로 인한 현실 유리감은 장기적으로 보면 사회 부적응을 재촉하고
오히려 삶의 고통을 더 심하게 만들 수 있다.

²⁴ 엘리제 정원을 방문할 때
—

장 자크 루소는 『신엘로이즈』에서 엘리제의 정원이라 불리는 장
소를 환희에 가득 차 묘사한다. 나는 이 대목을 번역본으로 읽어
도 늘 환희를 느끼는데, 프랑스어 원문을 직접 옮겨보니 기쁨이 더
커졌다(1964).
편집자 시라이시 씨가 "아무리 그래도 너무 길다"고 지적했지만,
같은 체험을 하게 해준 사람들을 위해, 또 내가 느끼는 지복의 풍

경을 전달하기 위해, 몹시 기쁜 나머지 침을 흘리며 번역한 대목을 (아주 조금 잘라내고) 여기에 싣는다. 이 문장을 읽을 때 나는 인간 존재를 초월해 양치식물이 된다.

과수원이라 불리는 이곳에 들어가면, 선명하고 생생한 초록, 사방에 흩뿌려진 꽃들, 졸졸 흐르는 물줄기, 그리고 수많은 새의 지저귐이 상쾌하게 나를 감쌌습니다. 이것들은 내 감각에도, 마찬가지로 상상력에도 전해졌습니다.

그런데 보세요. 지금은 생기 넘치는 푸르름으로 지은 옷이 걸쳐져 있고, 꽃이 피고 물이 흐르고 있습니다.

나는 이렇게 변한 과수원을 고양된 기분으로 걷기 시작했습니다. 인도에서 수입된, 이국의 정서를 불러일으키는 식물이나 박래품과는 우연한 만남을 갖지 못했지만, 이 나라의 식물과 박래품이 가장 쾌적하고 가장 기분 좋은 효과를 발휘하도록 통일성 있게 배치되어 있다는 점을 깨달았습니다. 초록으로 가득한 풀밭은 바짝 깎여 있고, 사향초, 레몬밤, 타임, 마조람, 그 외에 향기 좋은 다른 허브들을 섞어서 심어두었더군요. 무수한 풀꽃의 반짝임도 보였는데, 그 가운데 정원이 자연스럽게 하나 되어 성장한 것처럼 보이는 곳도 있어 깜짝 놀랐습니다.

때때로 햇빛이 들지 않을 만큼 어두운 나무 그늘을 만나면 아주 깊은 숲속 같았습니다. 나무 그늘은 지극히 유연한 수목으로 연결되어 있어, 가지는 휘어 지면으로 늘어지고 뿌리를 잘 뻗고 있었습니다. 남미 대륙에서는 맹그로브가 자연스럽게 해내는 일을 여기서는 사람이 조성한 것이 해내고 있는 셈입니다.

가장 열린 장소에서는 여기저기 질서도 균형도 없이 장미 군락, 나무딸기, 그로세유, 라일락 군락, 헤이즐넛, 접골목, 고광나무, 금작화, 트리포리움이 지면을 장식하고 있어 마치 휴경지처럼 보였습니다. 나는 이 꽃들이 피는 작은 숲에 이웃해 있는 구부러지고 불규칙한 샛길을 더듬어갔습니다. 샛길은 박태기나무, 담쟁이덩굴, 홉, 메꽃, 브리오니아, 클레마티스 등의 식물 줄기로 뒤덮여 있었습니다. 인동덩굴과 재스민도 서로 섞이도록 설계되어 있었지요.

이 꽃들이 달린 덩굴은 나무에서 나무로 덩어리째 던져진 듯 보였는데, 예전에 숲속에서 비슷한 광경을 본 적이 있습니다. 덩굴은 우리가 모래도 풀도 삐쭉삐쭉 솟은 싹도 없는, 부드러운 이끼 위를 거침없이 쾌적하고 가벼운 걸음으로 걷고 있을 때, 머리 위에서 태양으로부터 우리를 지켜주는 커튼을 만들고 있었습니다.

5. 우주

⋮

25 **플라네타리움에 살다**

―

자폐인의 시야는 평면적인 인상이 강해서 입체적인 깊이를 모호하게 느끼는 경향이 있다.

옐란드는 소녀 시절에 경험한 세계에 대해서 다음과 같이 쓰고 있다. "세계는 사진처럼 보인다. 이런 영향은 다양한 형태로 나타났다. 예컨대 나는 동네의 집집마다 내부가 있다는 사실을 알지 못했다. 모두 잔디를 배경으로 둔 것처럼 보였기 때문이다. 우리 집 내부에 공간이 있다는 것을 알고 있었는데도 불구하고 그 지식을 맞은편 집에 응용하지 못했다. 맞은편 집은 마치 종이처럼 평면에 불과했다."(2000)

옐란드만큼 심하진 않지만 나 역시 "모두 잔디를 배경으로 둔 것처럼" 보였던 기억이 있다. 지금도 주위 사물들을 입체로 파악하는 데 어려움을 느끼곤 한다. 우주를 동경하는 나는 플라네타리움의 별들이 비추는 스크린을 연상한다.

에른스트 마흐는 『감각의 분석』에서 세계는 요소들의 구성체라는 것, 요소와 그 구성체가 이합집산을 반복하며 현상을 이루고 있다는 것, 자아 역시 현상에 지나지 않으며 전통적인 의미의 주체로서의 '자아'는 허구라는 것을 주장했다. 나는 마흐의 체험적 세계가 기본적으로 내가 본 것과 비슷하지 않을까 생각한다.

우치우미 다케시도 자폐인의 체험적 세계에서 사물은 자신을 한쪽 면밖에 드러내지 않는다고 지적하며 마흐를 언급했다(2015). 마흐 자신은 이 같은 체험적 세계를 ASD를 염두에 두고 말한 것이 아니라 인간 일반의 고정관념에 얽매이지 않는 세계 체험으로서 기술하고 있는데, 이런 점에서 그가 ASD의 특성을 지녔다고 짐작해볼 수도 있다.

내가 가장 좋아하는 철학자 하이데거는 에드문트 후설로부터 영향받은 현상학적 존재론에서 출발했지만, 마흐는 후설의 흐름과는 다른 형태의 현상학(요소 일원론)을 구축했다. 앞서 말한 작가 로베르트 무질의 박사 논문은 마흐의 세계관에 관한 것으로, 지도교관은 후설과 스승(프란츠 브렌타노)이 같은 카를 슈툼프였다. 나는 대학원생 시절 내 세계관과 비슷한 부분을 무질과 마흐에게서 발견하고 그들에 대해 연구했다.

26 우주의 고독을 느끼다

—

ASD가 있으면 정형발달인과의 관계에서 심각한 단절감을 겪는다. 윌리엄스는 "유리창으로 된 세계에서" "오가는 사람을, 바깥 세계를" "조용히 바라보고 있다"고 표현한다(1993). 로슨은 스스로를 "영원한 방관자"라 부른다(2001). 아야야는 "내가 즐겁게 이야기하는 모습을, 물속에서 또는 유리창 너머로 바깥 세계를 내다보듯, 나와는 단절된 세계라고 느낀다"라고 쓴다(2008).

이 단절감 때문에 우리는 우주에 대해 말하고 싶어한다. 후지이에는 쓴다. "나는 늘 외로웠다. 무엇 때문에 외로운지는 모르겠지만 늘 막연한 고독감에 짓눌릴 것만 같았다. 몇만 광년이나 떨어진 우주의 한구석에서 홀로 있는 듯한 기분이었다."(2004)

나는 무라카미 하루키를 읽을 때도 그 단절감을 알아본다. 『스푸트니크의 연인』(1999)에는 이런 대목이 있다.

틀이 단숨에 해체되어버린 듯한 막막함. 끌어당기는 연대감도 없이, 새까만 우주 공간을 홀로 유영하는 듯한 기분. 내가 어디로 향하고 있는지조차 알 수 없다.

무라카미 하루키의 고독감에 마음이 아릿하다.

27 자폐인은 외계 생명체?

우리는 스스로를 지구 바깥의 지적 생명체, 이른바 '외계인'이라고 느낀다. 스스로 그렇게 느낄 뿐 아니라 주변의 시각을 내면화하고 있는 면도 있을 것이다.

템플 그랜딘은 정형발달인을 이해할 수 없다고 느낄 때 자신을 '화성의 인류학자'로 생각한다고 쓰고 있다(Sacks, 1997). 이즈미 류세이는 자신을 "지구에 태어난 에일리언 같다"고 표현한다(2003). 루디 시몬은 자폐인이 "SF나 환상소설을 좋아한다"고 말하는데, 그 이유를 "다른 사람들과 똑같은 지구에서 태어나지 않았다고 느끼기 때문"이라고 생각한다(2011).

어릴 때는 자기 자신이 특수하다고 느끼지 못하기도 한다. 그러면 정반대로, 즉 주변 사람들을 지구 바깥에서 온 존재처럼 느끼는 방식을 취하게 된다. 브라운스는 "내 주변 사람들"이 "마치 우주에서 내 세계로 떨어진 눈송이처럼 생각되었다고 증언한다(2005).

곧잘 이런 식으로 '우주'를 의식하기 때문에 인상에 강하게 남는 사건을 체험하는 것만으로도 우리는 우주로 가고 만다. 니키 린코는 어린 시절 모든 지퍼에 'YKK'라는 각인이 있다고 오해해서 그렇지 않은 지퍼를 처음 봤을 때는 "다른 우주"에 "갇혀버린 것 아닌가" 싶어 아연실색했다고 한다(2005). 참고로 그녀의 개인 웹사이트명은 '자폐연방 재在지구영사관 부속도서관'이라고 한다.

우리는 자꾸만 우주에 대해 생각한다. 짐 홀은 쓴다. "이 별에서 어른들은 항상 자신이 모든 것을 알고 있다고 생각하지만 거기엔 정당한 이유가 전혀 없다. 하지만 일부 어른에게는 허락할 수 있다. 가족이 없으면 난 허전하니까. 그렇다고 해서 다른 별로 가서 살고 싶지는 않다."(2001)

²⁸ 흩어지는 몸

—

옐란드는 청각 정보가 포화됐을 때의 감각을 "진공의 우주로 쏘아올려졌을 때의 느낌이었다"라고 설명한다(2000). 그녀는 앞구르기를 하려고 고전한 끝에(발달성 협응운동장애도 있었을 것이다) "드디어 있는 힘껏 구를 수 있었던" 때의 일을 "온몸의 털이 곤두서는 경험이었다"고 털어놓는다. "똑바로, 머리 위의 우주 공간에 내던져진 나의 감각기관은 움직임을 쫓아갈 수 없었다. 어쨌든 말로 표현할 수 없는 고통이었다."(2000)

옐란드 정도까지는 아니지만 나 역시 제트코스터와 같은 놀이 기구를 타는 게 정말로 두렵다. 회전목마도 조금 무섭다. 자전거만 타도 몸이 흩어지는 느낌이다. 내가 마리오네트 인형이 되어 서투른 조작에 과장되게 흔들흔들 움직이다가 마침내 뿔뿔이 흩어져 우주 공간에 내던져질 것만 같다. 스릴 만점이지만 기쁘지는 않다.

²⁹ 연약한 화성인처럼

—

20세기에 도시 전설로 유명해진, 두 사람에게 연행되는 작은 화성인 합성사진. 그걸 볼 때마다 나는 동정을 금할 수 없다. "내가 이 화성인이야. 먼 곳에서 지구에 왔는데 무서운 지구인에게 포획되어서 이제는 대체 뭐가 뭔지 상상조차 할 수 없어, 도와줘!"라고 소리치고 싶어진다.

참고로 그 사진은 원래 1950년 서독에서 발행된 만우절 기사에 사용하려고 만들어졌다고 한다.

—

과거 유럽에서는 '세계의 복수성'이라는 개념이 득세했다. 지구 바깥에서 온 지적 생명체가 실제로 존재한다고 여기는 사상을 일컫는다. 자주 '외계인'이라 불리고 스스로도 그렇게 느꼈던 나는 이 관념에 관심을 갖고 헤르더를 연구했다. 그는 『인류사의 철학에 대한 모든 구상』에서 우주 곳곳의 천체에 지구 바깥의 지적 생명체가 있으며 지구인을 포함한 우리는 모두 대합창을 하고 있다는 공상을 했다(2002).

자폐인들이 자신을 지구 바깥의 지적 생명체에 빗대어 말하는 것은 이상한 일이 아니며, 과거 유럽인의 사고방식도 매우 흥미롭게 여겨진다. 더군다나 나는 이런 생명체가 실제 존재한다 해도 전혀 이상한 일이 아니라고 보는 동시에 불가지론을 고수하고 있는 사람이지만, 오컬트(또는 영성계)에 휘둘려서는 안 된다고 본다.

자폐인 요시하마 쓰토무는 발달장애에 관한 저서로 폭넓은 독자를 확보하고 있고 나 역시 그를 참고한 시기가 있지만, 안타깝게도 일부 저서는 오컬트에 치우쳐 있다. 그의 주장에 따르면 지구는 본래 "지옥별"이었는데, 1987년 여름 무렵부터 지구의 주파수가 상승해 "고통을 담당하는 별"에서 해방되고 있다는 것이다(2016).

지구는 70~80년 뒤에는 극락정토에 가까운 "반 영혼 반 물질"

의 세계가 되고 200~300년 후에는 "지구인이 상승해 플레아데스 인처럼 된다". 지구에는 "외계인의 영혼을 가진 사람"도 살고 있으며 인류는 크게 "플레아데스계" "시리우스계" "에사사니계" "지구계" "아크투르스계"로 나뉜다고 한다. 발달장애인 가운데 "특히 아스퍼거와 ADHD는 '외계인의 영혼을 가진 사람'들과 특성이 매우 비슷"하다고 한다.

그는 당사자로서 많은 고난을 맛봤고 동료들의 고난 또한 목격했을 것이다. 그런 이유로 자기 자신과 동료들을 위로하기 위해 이런 황당무계한 예언서를 만들었는지도 모른다.

31 뇌의 다양성은 '새로운 인간'을 목적하지 않는다
—

아서 C. 클라크는 『유년기의 끝』에서 이렇게 쓰고 있다. "인류는 두 종류로 분열되고 말 것이다. 돌이킬 방법은 없다. 당신들이 알고 있는 세계를 위한 미래는 없다. 당신들 인류의 희망과 꿈은 지금 모두 끝났다. 인류는 후계자를 낳았지만, 비극적이게도 당신들은 그 후계자를 결코 이해할 수 없을 것이다—그들의 마음과 소통하는 것조차 불가능할 것이다. 실로 그들에게는 당신들이 알고 있는 것과 같은 마음이 없다. 그들은 하나의 통일체로, 당신들이 무수한 세포의 총체인 것과는 다르다. 당신들은 그들을 인간이라고 생각하지 않을 것이다. 그리고 이 생각은 옳다."(2010)

젊은 시절, 이런 전무후무한 신인류가 창조될 것이라는 소설을 읽고 우리가 그 주역이 될 수도 있겠다고 상상했다. 내가 연구하던 무질도 곧잘 "새로운 인간"을 역설했다.

지금 와서 생각해보면 그건 진부한 선민의식이었다. 고통스러운 삶을 사는 이유를 물을 때 우리가 선택받은 사람들이기 때문이라는 거만한 생각으로 이어질 때가 있다. 젊은 혈기의 소산이 부끄럽다. 지금도 신경다양성을 주장할 때 당시의 감정이 섞여 있지는 않은지 걱정되곤 한다. '뇌의 다양성'이 선민의식의 도구가 되어서는 안 된다.

이런 생각을 하면서 오사카 신세카이에서 아베노 하루카스오사카의 초고층 빌딩를 촬영한 사진을 가지고 놀았다(다음 페이지 사진을 참조).

32 밤의 거리에서

—

ASD 단가를 한 수 읊어본다.

반짝이는 밤하늘을 올려다본 저편에

괴물들이 우글거리고 있다

6. 오감

⋮

³³ 감각의 이모저모 1

—

자폐인의 감각 정보에 대한 과잉 또는 과소 반응은 과거에는 그리 인지되지 않았지만, 현재는 진단 기준에 포함되어 있다. 자폐인의 감각과민의 지각세계를 이케가미 에이코는 "과잉 정보를 과잉 상태로 흡수하는 하이퍼 월드"라고 표현한다(2017).

인간의 감각은 정확히는 다섯 종류가 아니지만 전통적인 '오감'이라는 관념이 갖는 편리성이 있어 그에 맞춰 나 자신을 해체해보겠다.

먼저 시각.

발달 일원에서는 시각 우위, 즉 우리가 시각 정보를 민감하게 감수하거나 시각적 요소에 매료되기 쉬운 기질이 흔히 화제가 된다. 실제로 수중세계나 우주를 상상케 하는 체험적 세계는 시각 우위와 관련하여 탄생한 것이 틀림없다.

시각으로 인해 우리는 쉽게 도취된다. 브라운스는 어린 시절 보일러실 문이 이슬로 반짝이는 걸 보고 감동했던 일을 회상한다. "우유 같은 문의 흰색은 형광등 아래서 보면 마치 구름이나 크림처럼 보인다. 발코니의 흰색보다 반짝거림을 보는 데 더 어울리고, 좋은 느낌으로 치면 하늘의 푸른색이나 모래의 노란색에 지지 않을 정도다. 순간순간이 녹아들어 있고 시간은 소리를 잃었다."(2005) 내 인생에도 이런 종류의 특권적인 시각이 반복해서 찾아왔다.

다음으로 청각.

청각과민은 대부분의 자폐인에게 공통된 듯한 인상이 있다. 아마도 감지한 음성을 처리하는 과정이 너무 치밀하다보니 뇌가 고장난 것일 테다. 우리는 소리의 홍수에 먹힌 채 당황하곤 한다. 사람이 많은 곳에서 무수한 잡음에 휩쓸리다보면 마음이 몇 번이고 꺾이는 것 같다.

선구자들의 증언도 살펴보자. 옐란드는 "개가 짖는 소리, 그리고 오토바이와 트럭, 자동차 등의 엔진 음은 나의 내부를 파열시켜 내 몸이 주변 세계와 연결된 감각을 잃고 만다. 아무런 예고도 없이 진공의 우주로 쏘아올려진 듯한 기분이었다"라고 쓴다(2000). 히가시다는 "소리가 시끄럽다는 것과는 조금 다릅니다. 신경 쓰이는 소리를 연속적으로 들으면 내가 지금 어디에 있는지 알 수 없게 되는 것과 같은 감각입니다. 그때는 지표면이 흔들리고 주변 풍경이 나를 향해 엄습해오는 듯한 공포를 느낍니다"라고 말한다(2007).

청각과민은 다른 신체감각과 함께 작용하면서 우리를 더욱더 혼란에 빠뜨린다. 아야야는 학교에서 배구 드리블이 공포의 대상이었다고 회상한다. "드리블의 움직임을 반복하는 손의 감각, 눈으로 포착하는 공의 반복적인 상하 운동, 공이 체육관 바닥에 부딪히고 쿵쿵 하는 발소리와 함께 들려오는 드리블 소리와 몸으로 전달되는 울림, 그 소리가 체육관 벽에 반향되는 소리" 등이 "흩어진 지각 정보로서 내 신체로 돌아오는" 감각을 그녀는 회상한다(2010).

나는 이런저런 소리가 섞이면서 잡음으로 밀려오는 것을 물속에서의 독특하고 분명치 않은 소리와 겹쳐서 생각해왔다. 이 점은 내가 수중세계에 살고 있다는 세계관을 펼치는 데 중요한 요소로 기능하고 있다.

아야야는 또한 수영장에서는 물이 소리를 흡수하기 때문에 수영장 쪽이 낮게 느껴져 그쪽으로 몸이 기울 것만 같아 걷기 무서 웠다고 호소하는데(2008), 나도 일터에서 천장이 높이 뚫린 넓은 공간 옆을 걸을 때 비슷한 불안함을 느낄 수밖에 없다. 상상 속에서 나는 몇백 번이나 추락사를 했다.

이어서 촉각.

많은 자폐인은 안길 때 피부 감각이 고통스럽다고 말하는데, 나는 그렇지 않다. 하지만 옷의 소재와 피부에 달라붙는 밀착도에 관한 불만이 자폐인으로부터 나올 때 나는 전적으로 동감한다.

템플 그랜딘은 모자를 쓰는 것이 고통이었다고 말한다(1994). 아 야야는 "목에 붙은 태그가 따가워 참을 수 없다" "옷은 면 100퍼 센트가 아니면 참을 수 없다"고 쓴다(2008). 소녀들에게 주름 장식, 끈, 레이스, 폴리에스터, 와이어, 후크, 프릴 등은 천적이다(2011). 나는 중학교 때는 교복의 목단이가, 그 후에는 터틀넥, 머플러, 헤 드폰, 장갑 등이 괴로웠다.

자폐인은 타인의 접촉을 싫어하지만 자신이 만지는 것은 좋아 하는 이도 많다. 또한 우리 대부분은 압박당하는 기쁨을 절실히 원한다. 자폐아동은 고양이나 다람쥐 못지않게 "매트리스 아래에 숨거나 담요를 둘둘 말거나 비좁은 틈새에 자주 들어가는" 것을 즐긴다(Grandin, 1997). 홀 역시 "조금 이상하지만 꽉 안겨서 납작해지는 것도 정말 좋아한다"고 고백한다(2010). 그랜딘이 자폐인을 위한 신체 "포옹 기계"를 개발하거나, 매킨이 "구명복을 웨트 수트 아래에 입는 압박 슈트"와 관련해 시행착오를 겪는 이야기에는 나도 공감하게 된다.

아마도 우리는 압박될 때 불안정한 신체감각을 해소하고 나를 높은 밀도로 느끼는 것이 아닐까. 나는 온수욕과 냉수욕을 번갈아 할 때의 수압 또는 수압이 나 자신을 압박하는 느낌을 좋아해 왔다.

다음으로 후각의 민감함.

나로 말하자면 비강의 점막이 지나치게 민감해 꽃가루 알레르기 유행 시기가 아니어도 비강이 항상 부어 있어 오히려 주위 냄새에 둔감하다. 물론 이는 발달장애와 관계없는 만성 염증일 수도 있다.

후지이에는 수영장 입장 전에 들어가는 소독용 욕조(2001년 이후 사라짐)에서 "소독액의 냄새가 심해서 무서웠다"고 말하는데(ニキ·藤家, 2004), 나도 그 악취에서 지옥의 연못을 연상했다. 윌리는 쓴다. "학기가 한창일 때 생물학 수업을 포기해버렸다. 내 눈앞에서 포르말린 액에 담근 돼지 태아를 보여준 순간을 기점으로 두번 다시 수업에 들어가지 않았다. 엄청난 냄새가 훅 끼쳐와 도저히 참

을 수 없었다."(2002) 나는 원래 요리 실습을 좋아했는데 조리실에서 맡게 되는 다양한 냄새에 질려버렸다.

마지막으로 미각.

ASD의 진단 기준에는 "동일성에 대한 고집, 일상적인 것에 대한 융통성 없는 집착"으로 "매일 같은 음식 먹기"가 예시로 나와 있다(APA).

편식의 전형적인 예로는 매킨이 자기가 좋아하는 음식에 대해 말한 대목을 들 수 있다. "일단 좋아하는 건 피자. 피자는 심플해야 한다. 가능한 한 치즈만 있는 게 좋지만 사람들과 만나 어쩔 수 없는 상황이라면 페퍼로니 살라미를 올린 것 정도는 어떻게든 참을 수 있다. 핫도그와 햄버거도 좋아한다. 다만 겉 부분의 빵은 빼고. 빵이 있으면 맛을 해친다. 가능하면 슬라이스 치즈가 한두 장 올라가 있는 게 좋다. 치즈에 관해서는 스위스 지상주의자다."(2003)

이와 같은 기호의 원인으로 가장 큰 부분은 미각이 과민해서 맛이 혼란스러우면 기분이 나빠진다는 점을 들 수 있다. 초등학생 시절 친구들과 밥을 먹을 때 "나는 진공 분뇨 수거차다"라고 되뇌는 것으로 음식 남기는 버릇을 극복했는데, 이것이 내 인생 최대의 성공 경험이었다. 그러나 편식하는 경향 자체가 사라진 것은 아니고 매일 아침, 매일 점심, 매일 저녁 계속 같은 메뉴를 먹어도 좋아하는 음식이라면 특별히 불만을 느끼지 않는다. 다양한 음식을 먹으면 다양한 맛이 느껴져 몸이 흩어지는 것 같은데, 한정된 음식만 먹으면 몸이 흩어지지 않는다.

전 프로야구 선수 이치로가 자폐인인가 하는 의혹에 대해서는 다양한 억측이 있어왔는데, 매일 아침 카레라이스를 먹는다는 유명한 발언이 그럴 법하다는 심증을 더 굳혀줬다. '집착'으로 가득 찬 발언의 면면, ASD라고 해서 항상 발달성 협응운동장애가 따라다니지는 않는다는 사실, 불가해한 티셔츠를 셀 수 없이 수집하고 그 옷을 입은 채 대중 앞에 나타나는 현역 시절의 행동, 은퇴 기자회견 등에서의 표정도 '혹시 이 사람은 우리 동료가 아닐까'라는 친밀감을 느끼게 한다. 이치로 본인에게 이런 팬은 민폐일 수도 있겠지만.

내가 발달장애인이라고 공표하지 않은 사람을 두고 혹시 그렇지 않을까 추측하는 것은 비난을 불러일으킬 여지가 있다. 그러나 내 입장에서 발달장애란 '뇌의 다양성', 즉 개성적인 특성을 다양성으로 보고 긍정적으로 평가하는 것일 뿐이다.

시각과 청각에 감각이 홍수처럼 밀려드는 것을 피하기 위해 발달 일원에서는 흔히 선글라스, 귀마개, 노이즈 캔슬링 헤드폰, 이어머플러 등이 추천된다(2008). 나도 선글라스를 감사하게 여기는데, 일본에서는 관습상 늘 사용할 수는 없었다. 반면 귓불에 닿는 물건은 촉각과민 때문에 오히려 고통스러워서 쓸 수가 없다. 소리의 홍수에 납치된 나에게 또 한 명의 내가 종종 "지지 말라고!"라며 크게 손을 흔들어준다.

34 청각정보처리장애

청각과민은 청각정보처리장애APD로서 주목받기 쉽다. 주변이 다양한 소리로 넘쳐나는 상황에서, 예컨대 칵테일파티에 갔을 때 자기 이름이 불리면 소리를 선택적으로 듣고 알아차릴 수 있는 현상을 '칵테일파티 효과'라고 한다. 우리 자폐인들은 청각과민 때문에 이런 칵테일파티 효과가 작동하기 어렵다는 것을 자주 이야기한다. 청각정보처리장애는 인격 형성에도 영향을 미친다. 브라운스는 "울림도 의미도 알아들을 수 없는 잡음" 때문에 "내 안에 정적이 찾아왔다. 내 세계를 타인과 나누고 싶다는 충동이 사라졌다. 내 혀는 피로해서 움직이지 않았다. 내가 무언가를 말하면 혀에서는 아픈 말들이 끌려나왔다. 내가 말하는 문장은 점점 간소하고 짧아졌다. 각 음절은 완전히 말라버렸고 먼지처럼 변했다. 이윽고 나는 웅얼거리면서만 말할 수 있게 되었다"고 쓰고 있다(2005).

너무나 잘 알겠다. 나도 잡음의 자석바람 안에서 살아가고 있는 터라 "말해봐야 아무 소용 없다"고 자주 느끼고 말투가 무뚝뚝해지거나 혀 짧은 소리를 하게 된다.

무라카미 류의 『오 분 후의 세계』(1994)에 등장하는 '이명'과 같은 음악의 묘사를 읽었을 때 나는 내 청각정보처리장애가 적확하게 표현된 듯해서 기뻤다.

듣는 사람이 무언가 다른 것에의 굶주림을 분명히 느낄 수 있도록, 출구를 발견하고 싶어서 발광할 것 같은 어두운 동굴로 끌어들여, 누구도 꼼짝할 수 없을 것 같은 어둡고 축축한 죽음의 냄새가 나는 동굴로, 들어가면 끝이야, 발을 움직이는 건 고사하고 숨 쉬는 것도 잊어버리고 말지. 그리고 동굴 쪽이 움직이기 시작해. 에스컬레이터처럼 점점 듣는 사람을 어둠으로 운반해가. 동굴이 살아 있다는 것을 알게 되겠지. 거대한 동물에게 먹혀버린 것과 같은 거야. 어떤 의지의 힘을 차츰 강하게 느낄 테고 동굴 출구의 어떤 것이 그 의지를 구체화한 것이라고 눈치챘을 때 사람들은 공포를 잊고 달리기 시작해. 의지의 형태는 분명하지 않아. 돌연 발 끝에 차가운 감촉이 스치지. 출구로 통하는 것, 의지의 정체와 스쳤다고 느끼지. 그것은 아주 작지만 미칠 듯이 거친 큰 강으로 이어지는 물의 흐름이야. 그 물의 흐름 자체가 동굴을 지배하고 있는 의지의 힘의 구체화인 거지. 그리고 그 물의 흐름이란 물론 비트를 말하는 거야.

우리의 울적한 느낌이 조금은 이해되었을지 모르겠다.

³⁵ 감각의 이모저모 2
—

감각에 관해서는 저마다 차이가 크겠지만 위니 던이 표준화 척도로 개발한 감각 프로파일이 개발되어 있다. 이 프로파일로 저등선(감각을 알아차리기 어려운 정도나 지연의 지표, 즉 '감각둔마에 가깝다), 감각추구(자기를 안정시키기 위해 특정한 감각을 추구하는 성질의 지표), 감각과민(역치를 넘어선 감각 입력의 지표), 감각회피(자기를 안정시키기 위해 특정한 감각을 피하고자 하는 성질의 지표)를 측정할 수 있다.

나도 이 검사를 받아본 적이 있는데, 인상적이었던 것은 네 개 항목에서 모두 수치가 매우 높게 나왔다는 사실이다. 내 나름대로 분석해보자면 과민한 감각으로부터 도망가려 하는 한편, 감각처리의 용량이 늘 폭발하기 때문인지 보통 사람보다 잘 느끼지 못하는 경우도 많아 오히려 감각을 강하게 추구하게 된다는 것이다. 흥미로운 회로라고 하지 않을 수 없다.

ASD의 진단 기준에는 통증에 무관심한 듯 보이는 사례가 언급된다. 자폐인은 종종 고통에 대한 감수성이 매우 둔하다는 사실을 증언하고 있다. 반대로 고통에 취약해서 신체적 학대나 외과 수술로 괴로운 적이 있었던 나로서는 그들이 너무나 부럽다.

옐란드는 어린 시절 학교에서 따돌림을 당했지만 "(나는) 때리면 재미있는 상대가 아니었을지도 모른다" "내게 난폭했어도 어떤 의미로는 난폭한 것으로 성립되지 않았다" "어떤 의미에서 나는 따돌림을 당했어도 따돌려지지 않았다"고 기록했다. 옐란드는 연령이 올라가면서 고통에 대한 둔감 역시 올라가 어린 시절에는 "자각할 수 없다고 해도 특정한 몇 종류의 고통은 있었"지만 시간이 흐르면서 "그것이 모든 종류에 이르렀다"고 한다(2000).

브라운스는 체벌당할 때 바지 엉덩이 쪽이 벗겨진 상태에서 "어머니가 내 맨 엉덩이를 후려칠" 때의 경험을 다음과 같이 기록하고 있다. "분노에 미친 엄마는 점점 더 강하게 때리기 시작했다. 하지만 그 한 대 한 대가 내 세계에는 전달되지 않았다. 더 이상은 못 하겠다는 듯이 엄마가 때리던 것을 멈추었다."(2005) 그는 축구하다 다친 무릎이 피범벅이 되어 치료를 받았을 때 교사와 의사의 걱정에도 불구하고 아픔을 느끼지 못한 일도 적고 있다.

나는 어릴 때의 부상 경험, 체벌 경험, 치과 수술과 척추 주사를 떠올린다. 슬프게도 나는 누구 못지않게 고통을 잘 느끼는 사람이다.

온도에 무관심한 듯 보이는 특성도 ASD 진단 기준에 포함돼 있다. 히가시다는 "추울 때 춥다고 느끼면서도 스스로 웃옷을 입는 등의 간단한 의복 교체가 불가능하다"고 적는다(2010). 나도 더위와 추위를 알아차리기 어렵고 계절의 변화, 매일의 날씨, 실내·실외 이동에 맞춰 옷을 갈아입는 걸 어려워한다. 지각이 지연되거나 다른 기관의 감각 과민에 놀아나느라 거기까지 신경을 쓰지 못하는 것 같다.

피로에도 둔감하다. 휴식이 부족한 사태가 자주 일어나고 결국 업무에 지장을 준다. 그래서 나는 평소 내 몸 상태에 신경을 쓰지만 그래도 자각하기가 어렵다. 요네다 슈스케는 셀프 모니터링 장애 특성군(2011)이라는 말로 이런 특성을 표현한다. 이 특성은 시상하부와 뇌간의 기능 이상에 원인이 있다고 한다(嚴永龍, 2009). 자폐인은 갈증, 공복감, 포만감, 체온, 병의 징조 등 내수용감각이 둔감한 경향이 있다는 연구도 발표된 바 있다(Frakt, 2015).

나는 요의와 변의를 알아차리지 못해서 끝까지 참았다가 화장실로 달려가는 일이 많기 때문에 구마가야 신이치로의 『재활의 밤』과 가시라기 히로키의 『먹는 것과 싸는 것』에 그려진, 배설을 둘러싼 고전분투의 기록에 깊은 경의를 품게 되었다. 전자는 뇌성마비가, 후자는 궤양성 대장염이 있어 화장실에서의 사정이 급박

하다고 한다. 나는 매일 아침 변기에 공손하게 앉아 그들을 떠올리며 경건한 마음으로 배설하고 있다.

이런 이유로 스스로를 'HSP'Highly Sensitive Person, 매우 민감하고 섬세한 사람라고 칭하기를 주저한다. HSP라는 개념을 처음 발표한 일레인 N. 아론은 전체 인구 5명 중 1명, 즉 20퍼센트가 HSP라고 주장한다(2000). 인구 비율상 1퍼센트를 차지하는 ASD인 나는 민감한 감각 때문에 고통받고 있으니 HSP일 확률이 높다. 하지만 동시에 감각에 둔감하기도 한 사실을 자각하고 있고 후에 서술할 공감 문제가 뇌리를 스치는 터라 '매우 민감'하거나 '섬세'하다고는 할 수 없을 듯하다. 무엇보다 HSP로 자칭하는 사람은 종종 자신의 문제에는 민감하고 섬세하나 타인에게는 그렇지 않은 경우도 있어서, 대다수가 진짜 HSP라고 할 수는 없을지도 모른다.

또한 공감각, 즉 색깔과 도형에서 소리와 냄새를 느끼거나 청각과 미각이 색채로 느껴지거나 문자와 숫자가 소리를 내고 향기를 풍긴다고 느끼는 감수성이, 내게는 결여되어 있다. 자폐인은 공감각을 가지고 있을 확률이 높다고 하는데(池上, 2017), 나는 이 감각의 은총을 입지 못한 점이 매우 아쉽다.

공감각과는 다르지만 섬세한 감각들이 뒤엉키는 현상도 있다. 잭슨은 "불빛이 갑자기 켜졌다가 꺼졌을 때 황급히 귀를 막은" 일

과 "고약한 냄새가 난다고 눈을 질끈 감아버린" 일 등 자폐인에게
는 "여러 감각이 뒤엉켜 혼선을 초래하는 일이 자주 있다"는 사실
을 지적한다(2005). 나는 형광등이 눈부시면 왠지 모르게 추위가
느껴져서 몸을 움츠리는 일이 잦다. LED 조명이 보급되어 더 환해
지고부터는 추운 느낌이 예전보다 덜한 것 같다.

나는 '빛 재채기 반사'도 있다. 눈부시다고 느끼면 재채기가 나오
는 현상으로, 발달장애인 특유의 증상은 아니겠지만 밝은 형광등
을 춥다고 느끼는 것과 관련이 있을지 궁금하다.

36 감각 합일에 대한 갈망
—

나는 감각을 통일체로서가 아니라 따로따로 흩어진 것으로 받
아들이는 경향이 있기 때문에 감각의 통일을 동경한다.

T. S. 엘리엇은 『사중주 네 편』에 실린 「리틀 기딩」에서 "또 모든
것 잘되리라 또/ 모든 형편 처지 잘되리라/ 그때 불꽃 혀들 겹겹이
안으로 엮이어/ 불 매듭 왕관되고/ 또 불과 장미는 한 몸"(1944)이
라고 노래했다.

구카이는 "새벽녘 고요한 숲속 초당에 홀로 앉아 있다/ 한 쌍의
불법승이 울음 운다/ 불과 장미가 합일하는 시간이다"(1944)라고

적었다.

이런 문장을 접하면 나는 그들의 사상은 차치하고 감각을 통일적으로 파악하려는 갈망이 아닐까 여겨진다. 그리고 그들에게 함께 힘을 내자며 악수를 청하고 싶어진다.

37 반향어
—

자폐인의 반향어는 '에코랄리아Echolalia'라 불리며 ASD의 진단 기준 예시에도 포함되어 있는데, 이는 투렛증후군, 실어증, 조현병, 인지증, 시각장애, 두부외상, 뇌경색 등에서 부수적으로 발생하기도 한다. 상대의 발언을 그대로 흉내 내는 것 외에도 자신의 혼잣말을 반복하는 등의 행동이 있다.

브라운스는 머랭을 의미하는 독일어 '베제르baiser'나 증기 롤러를 의미하는 '댐프발체dampfwalze'를 몇 번이고 외치는 버릇이 있었던 것, 어머니로부터 "그만해! 앵무새도 아니고!"라며 혼난 일을 회상한다(2005). 그랜딘은 '테이프레코더'라는 별명이 붙여졌다고 한다(1997).

내게도 똑같은 말을 반복하는 습관이 있어서 하루키 작품의 주인공이 가끔씩 했던 말을 반복하는 모습에서 친근감을 느낀다. 나는 실제로 입 밖에 내지 않더라도 마음속으로는 자주 반향어가 떠오른다.

물건을 사러 갔을 때 점원이 말한 "1532엔 받았습니다"라든가, 오랜 친구가 나를 놀리느라 말한 "뭐라는 거야"와 같은 대사, 극장에서 「라라랜드」를 봤을 때 들은 "그래, 나는 개새끼였어. 이젠 인정할 수 있어OK, I was an asshole. I can admit that", 극장판 애니메이션 「기동전사 건담 Ⅲ: 만남의 우주」를 DVD로 봤을 때 작품이 "인간은 언젠가 시간조차 지배할 수 있게 된다"고 말하는 듯한 음성, 엔도 슈사쿠의 소설 『침묵』을 읽었을 때 하늘에서 들려오는 듯한 "밟아야 한다. 네 발의 고통을 바로 내가 가장 잘 안다"처럼, 진짜 소리가 아니라 창작물 속의 가짜 음성이나 인상에 남은 작품의 제목 등이 머릿속에서 무한 반복되는 일이 벌어진다.

이러한 반복이 왜 일어나는지는 알 수 없다. 자폐인이 마음에 든 말을 몇 번이고 반복함으로써 즐거움을 느끼고 있을 가능성도 있다. 하지만 위에서 언급한 나의 사례로 보자면 마음에 든 말도 그렇지 않은 말도 섞여 있다. 혹시 중요도가 높은 정보나 농밀한 정보 처리에 시간이 걸리고 그것들이 반추되고 있는 것일까.

반향어는 기억 속에 있는 것을 깨워 불러일으키기도 하는데, 그때는 침입적 상기(플래시백)와 닮아 있다.

7. 불가사의한 통일체

⋮

[38] ASD와 ADHD의 외재화

—

나는 신경질적이고 세심하며 나조차 식은땀이 날 정도로 완고한 데다 관심의 폭이 좁고 깊다. 이런 특징은 내가 자폐인이라는 사실과 관련이 있을 수도 있고, 없을 수도 있다. 나는 대충대충일 때도 있고 변덕스럽거나 관대하기도 하며 때때로 무리하게 일을 벌이기도 한다. 이런 특징은 내가 ADHD인 것과 관계있을지도 모르고, 없을지도 모른다.

발달장애의 특성은 인격에 영향을 미치겠지만 인격과 완전히 동일시하지 않는 편이 좋다. 통제가 곤란한 특성을 인격과 혼동하면 자기혐오에 빠지거나 깊이 실망하기 때문이다. "나는 내부에 ASD

군과 ADHD 양을 키우고 있는데 걔들은 귀여운 구석도 있지만 뭔가 애를 먹이네, 이걸 어째" 정도로 넘기면 건강한 것이다. 이것이 바로 마이클 화이트와 데이비드 앱스턴이 제창한, 어떤 사람이 안고 있는 문제를 자신에게서 분리함으로써 처리하기 쉬워진다는 '문제의 외재화' 기법이다(2017).

³⁹ 친애하는 괴물들

—

브라이언 드 팔마의 영화 「천국의 유령」의 주인공이자, 얼굴과 목소리를 짓밟히고 가면을 쓰고 살아가는 윈슬로.

이시모리 쇼타로(훗날의 이시노모리 쇼타로)의 만화 『인조인간 키카이더』의 주인공 키카이더. 그는 인체 모형을 모티브로 삼은, 파랑과 빨강이 섞인 전신과 뇌가 투명하게 보이는 머리를 가진 디자인 로봇이다.

카프카의 단편 「가장의 근심」에 등장하는 정체불명의 생명체 '오드라덱'. "언뜻 보기에 그것은 납작한 별 모양의 실패 같다. 실제로 실이 감겨 있는 것 같다. 종류도 색깔도 다른 오래된 펠트 자투리 실을 얼기설기 엮어놓은 듯하다. 그러나 단순한 실패는 아니다. 별 한가운데에 있는 조그마한 막대가 또 다른 조그마한 막대와 바로 접합되어 있다. 이 두 번째 막대가 한쪽 편에 있고, 다른 한쪽 편에는 별이 발산하는 불빛이 있기 때문에 이것들의 도움으로 전체는 마치 두 다리로 지탱하듯이 곧추서 있을 수 있다."(1994)

이렇게 삐걱거리는 괴물들에게 나는 친근감을 느낀다. 나의 분신처럼 느껴진다.

40 '강박'의 내적 정합성

—

자폐인을 가장 크게 특징짓는 성질은 강렬한 집착(고집)일지도 모른다. 진단 기준에는 "강도나 초점에 있어서 비정상적으로 극도로 제한되고 고정된 흥미"라고 되어 있는데, 이를테면 "특이한 물체에 대한 강한 애착 또는 집착, 과도하게 국한되거나 고집스러운 흥미"라고 기술되어 있다. 그러나 '집착'은 고차원적 뇌 기능 장애에서도 발생한다고 한다(鈴木, 2020).

옐란드는 모어의 학습에 관해 "여러 방식으로 쓸 수 있는 단어가 나오면 나는 모든 철자법을 외워서 가장 고전적인, 어원에 가까운 철자를 고집했다. 그것이 가장 옳은 철자법이라고 믿었기 때문이다"라고 말한다(2000). 나도 일본어를 배울 때 그런 경험을 했고, 쓰고 싶은 단어와 구문을 쓰고 싶지 않은 것과 구분하는 데 열중했다. 이처럼 집착은 자신이 폐색되어간다는 감각에 대한 대항책, 동일성을 유지하려는 지향의 발현으로 생각된다. "물에 빠진 자는 지푸라기라도 잡는다."

집착은 다양한 형태로 나타난다. "제한적이고 반복적인 행동이나 흥미, 활동"이 나타난다는 것, "상동증적이거나 반복적인 운동성 동작, 물건 사용 또는 말하기"는 ASD의 진단 기준으로 채택되어 있다. 행동은 지극히 많은 경우에 독특한 고집을 바탕으로 반복적인 행동이 되고, 강박행동, 상동행동, 의식적 행동 또는 자기자극행동이라고도 불린다. 이를테면 나는 누운 채로 전신을 덜덜 떨거나 걸으면서 발목을 뚝뚝 꺾는 등의 행동을 한다.

히가시다는 "가만있으면 '진짜 나'는 이 몸 안에 갇혀 있다는 것을 실감합니다. 어쨌든 몇 가지 방법으로 움직이고 있으면 안정이되지요"(2007)라고 쓴다. 옐란드는 곡면이 있는 것을 만져보고 싶어하는 행동을 "너무나 필요해서 한다"면서, 틈새 없이 서로 밀착되어 있는 사물이나 끼어 있는 사물에도 집착했다고 말한다(2000).

모두 언뜻 보면 기묘한 행동으로 생각되지만 그렇게 우리는 많은 사람이 느끼지 못하는 육체의 질곡을 자각하고 그로부터 해방되고자 발버둥친다. 우리는 감각과민과 플래시백 때문에 스트레스를 많이 받는 경향이 있고 자신의 몸을 감옥으로 느끼기 쉽다.

그 밖에도 다음과 같은 행동이 전형적이라고 할 수 있다.

"볼이나 트램펄린 위에서 뛴다, 장난감을 갖고 논다, 팔을 흔든다, 특정한 천을 만진다, 손톱을 물어뜯는다, 몸을 흔든다(앞뒤 또는 좌우로), 물건을 돌린다, 리드미컬하게 발로 차듯 움직인다, 뭔가를 북처럼 두드린다, 왼손의 손등을 얼굴에 문지른다, 몸을 배배 꼰다, 엄지와 약지를 마주한다, 빙빙 돌며 걸어다닌다, 몸을 벌벌 떤다, 다리를 자주 번갈아 꼰다, 외운 것을 속삭인다, 손으로 물건을 튕긴다, 손가락을 흔들흔들한다, 또는 부빈다, 사람들 앞에서도 발뒤꿈치로 중심을 잡고 몸을 흔든다, 일정한 소리로 콧노래를 부른다, 노래한다, 같은 행동을 반복한다, 혼잣말을 한다, 복부를 문지른다, 개를 쓰다듬는다, 구름을 바라본다, 좋아하는 영화를 몇 번이고 본다, 문장의 음질에 맞춰 호흡한다."(APA, 2011)

내가 온수욕과 냉수욕을 번갈아 하기를 아주 좋아하는 것도 강박행동에 가까울 수 있다. 외출하지 못할 때는 대신 온수 샤워와 냉수 샤워를 번갈아 하기도 하지만, 예전에는 겨울이면 하루에 두 번, 여름에는 다섯 번 여섯 번도 했다. 이런 게 확실한 강박행동일 것이다. 매일 같은 음식을 먹고 싶어하는 것도 그렇다.

참고로 강박행동은 틱과도 비슷한 부분이 있다. 틱은 아이들에게서 드물지 않은데 현대 의학에서는 ASD와 ADHD와 함께 발달장애로 분류되어 있다(APA).

41 강박행동과 과잉행동

—

ASD의 강박행동은 ADHD의 과잉행동과 뚜렷이 구분되지 않는 부분이 있다. ADHD의 진단 기준에는 다양한 종류의 '과잉행동-충동성'이 포함되어 있다(APA).

- 종종 손발을 만지작거리며 가만두지 못하거나 의자에 앉아서도 몸을 꿈틀거림
- 종종 앉아 있도록 요구되는 교실이나 다른 상황에서 자리를 떠남(예: 교무실이나 사무실, 또는 다른 업무 현장, 또는 자리를 지키도록 요구되는 상황에서 자리를 이탈)
- 종종 부적절하게 지나치게 뛰어다니거나 기어오름(주의점: 청소년 또는 성인에게서는 주관적으로 좌불안석을 경험하는 것에 국한될 수 있다)
- 종종 조용히 여가활동에 참여하거나 놀지 못함
- 종종 "끊임없이 활동하거나" 마치 "태엽이 풀린 자동차처럼" 행동함(예: 음식점이나 회의실에 장시간 동안 가만있을 수 없거나 불편해함. 다른 사람에게 가만있지 못하는 것처럼 보이거나 가만있기가 어려워 보일 수 있음)
- 종종 지나치게 수다스럽게 말함

- 종종 질문이 끝나기 전에 성급하게 대답함(예: 다른 사람의 말을 가로챔. 대화할 때 자신의 차례를 기다리지 못함)
- 종종 자신의 차례를 기다리지 못함(예: 줄 서 있는 동안)
- 종종 다른 사람의 활동을 방해하거나 침해함(예: 대화나 게임, 활동에 참견함. 다른 사람에게 묻거나 허락을 받지 않고 다른 사람의 물건을 사용하기도 함. 청소년이나 성인이라면 다른 사람이 하는 일을 침해하거나 꿰찰 수 있음)

구로야나기 데스코는 『창가의 토토』(1981)에서 과거 학교에서의 자기 모습을 담임 선생님의 입을 빌려 말하고 있는데, 전형적인 ADHD 아동의 행동으로 보인다.

"예를 들어서 말이죠, 받아쓰기를 한다고 해요. 그러면 따님은 먼저 뚜껑을 열고 노트를 꺼낸다 싶기 무섭게 쾅! 하고 뚜껑을 닫아버립니다. 그러고는 바로 또 열어 머리를 안으로 들이밀고 가를 쓰기 위해 필통에서 연필을 꺼낸 다음, 또 얼른 닫고 가를 씁니다. 그런데 글씨가 마음에 안 들거나 잘못 썼거나 하면 말이죠, 그러면 뚜껑을 열고 또 머리를 들이밀고 지우개를 꺼내고 닫은 다음, 얼른 지우개를 쓰고 나서는 또 무서운 속도로 뚜껑을 열어 지우개를 넣고 닫아버립니다.

그런데 금방 다시 열기에 지켜봤더니, 고작 '가' 한 글자만 달랑 쓰고는 학용품을 하나하나 다 넣어버리는 거예요! 연필을 넣고 닫은 다음 다시 열어 노트를 넣고 하는 식으로 말이죠."

나도 그런 느낌의 남자아이였다. 덜렁덜렁 소란스럽게 마구 움직이고, 교실 의자에 앉아 있는 게 고역이라 몸을 배배 꼬거나 교과서를 이곳저곳에 뿌리거나 의자에서 노젓기 놀이를 하다가도 금세 의자 위에 정좌를 하고 앉았다가, 쉬는 시간에 몰래 학교에서 빠져나와 거리를 슬렁슬렁 배회하곤 했다. 나와 비슷한 남자아이들도 잘 배울 수 있는 교육 현장이었다면 정말 좋았겠지만.

⁴² 내가 걸을 때 벌어지는 일

—

DSM-5에서는 ASD의 '진단을 뒷받침하는 부수적 특징'으로 '기이한 걸음걸이'를 지적한다.

나는 내 몸을 '조종'하는 것이 늘 어렵다. 후지이에는 "피곤할 때는 걷는 것조차 자연스럽게 되지 않습니다. 왼쪽, 오른쪽, 왼쪽, 오른쪽 하고 스스로에게 말하며 걷습니다"라고 했고, 니키는 "나는 평소에는 오토매틱으로 걸을 수 있지만 그 대신 오토매틱이 지나쳐서 지금 걷는 건지 아닌지 귀로 듣지 않는 한 알 수가 없어집니다"라고 말한다(2004).

내 감각으로는 걸을 때 나는 자동으로 과집중 상태에 빠진다. 그래서 걷는 것만으로도 종교 또는 신비 체험에 근접하게 된다. 여러 신의 예언을 수신할 것만 같다. 그렇게 과잉 집중을 하며 그 결과로 동시에 주의가 산만해진다. 결국 이리저리 부딪히거나 넘어지거나 한다.

걷고 있을 때는 앞서 말했듯이 발목을 자주 돌린다. 그리고 "굳어진 걸 풀면서 걷기 때문에 아무리 걸어도 피곤해지지 않는다. 인류의 꿈, 영구적 기관이 실현된 것이다"라는 등의 혼잣말을 하기도 한다.

하세가와 가즈히코의 영화 「태양을 훔친 사나이」를 떠올리며 걸을 때도 많다. 이 영화의 마지막에서 사와다 겐지가 연기한 주인공은 핵폭탄 폭발을 기다리며 거리를 어슬렁댄다. 줄리는 참 멋있군 하고 생각하며 걷는다. 중2병이라는 말도 있지만 자폐인은 '진성 중2병'이다.

걷는 동안 내면의 느낌은 쿵, 쿵이지만 영상 속의 나를 보면 털썩, 털썩, 털썩이다. 자폐인의 주관적인 체험적 세계와 외부세계는 이처럼 단절되어 있다. 그러나 쿵쿵이든 털썩이든 둘 다 진정한 현실이다. 내면의 느낌이 틀렸고 외부 관찰만 맞는 것은 아니다. 쿵, 쿵이 고유의 모국어 시공간에 있다면 털썩, 털썩, 털썩은 번역의 시공간에 있다.

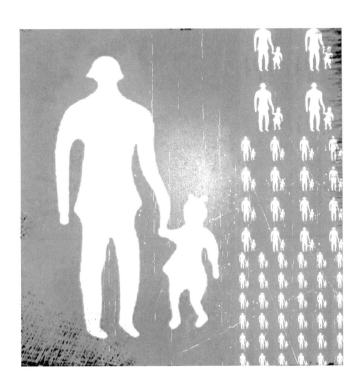

나는 거리의 표식 중에서 "앗, 이거 난데?" 하는 것을 발견하고 촬영한 다음 수정했다(사진 참조). 기이하게 서 있는 남자는 나이고, 남자와 함께 흥분해 있는(것처럼 내 눈에는 보인다) 여자아이도 나라고 생각한다.

43 용량이 터질 듯한

자폐인도 ADHD인도 때때로 자신들의 작업기억력working memory이 부족하다고 한탄한다. 이 부족 때문에 행동에 실패하거나 중요한 일을 잊어버릴 위험이 커진다. ASD의 감각과민과 ADHD의 과잉행동으로 뇌 용량의 압박이 있을 것이다.

나는 스스로 낡은 컴퓨터 같다고 느낀다. 언제부턴가 동작 중인 복수의 불필요한 소프트웨어 때문에 운용에 지장을 주는 오래된 컴퓨터.

나는 낡은 컴퓨터처럼 느끼며 작업기억력의 압박 때문에 피로에 지쳐 바로 눕고 싶어지는 습관이 있다. 누워서는 "나는 지금 거대한 해삼 같다"고 생각한다.

⁴⁴ 정리와 청소

—

작업기억력의 부족으로 우리는 멀티태스킹을 어려워한다. 예컨 대 정리와 청소를 못 하는 동료가 많다.

정리는 ADHD인(또는 ADD 당사자, 즉 과잉행동이 없는 주의력결핍 장애 당사자)의 고민으로서 비교적 잘 알려져 있다. 딜 조던은 ADD 성인이 정리를 어려워하는 것을 "머릿속 이미지를 제대로 저장할 수 없다" "처음 받은 인상이 바로 변형돼버린다" "머릿속에 있는 패 턴이 두서없다" "(ADD 성인의) 뇌는 시간, 공간, 사물에 관해 정돈 된 이미지를 유지시킬 수가 없다" 등을 이유로 지적한다(ソルデン, 2000). 자세한 구조는 알 수 없지만, 아 그렇구나, 그럴 수도 있겠다 고 나는 본다.

나도 오랫동안 방 정리를 하지 못했다. 책을 포함해 수집한 물건 이 많아 집 전체가 컬렉션 룸 같더니 곧바로 쓰레기장처럼 변했다. 그러던 어느 날 강한 강박증을 이용해서 특별히 소중히 간직하고 싶은 물건만 남겨두고 내 나름의 신화적 공간을 구축해보고 싶어 졌다. 화려하지는 않지만 조용한, 말하자면 마음을 번잡스럽게 하 지 않는 공간을 만들어보고자 했다. 나는 신화 연구자이기도 해서 이 이미지를 떠올리자 흥분에 휩싸였다. 한번 방을 정리하고 나서 는 방 안에 있는 물건을 거의 옮기지 않도록 조심했다.

나는 내 방을 볼 때마다 귀스타브 플로베르가 『감정교육』에 기술한 퐁텐블로 궁전의 축하연에 대한 대목을 떠올리며 만족감을 느낀다.

그들은 눈앞이 아득해졌다. 연회실 천장은 팔각형이었고, 금과 은으로 되어 있었으며, 섬세한 조각으로 장식되어 매우 화려했다. 게다가 넘칠 만큼의 그림이, 초승달과 화살통 모양으로 둘러싸인 프랑스의 문장紋章이 붙어 있는 커다란 난로에서부터 반대편 방 전체를 차지하는 악사들의 연주석에 이르기까지 가득 메우고 있었다. 프레데리크와 로자네트는 작품들의 웅장함에 압도되었다. 아치형 창문 열 개가 활짝 열려 있었고, 그 창을 통해 들어온 햇빛 덕에 그림의 색감이 빛났다. 또한 둥근 천장의 짙은 푸른색은 마치 푸른 하늘로 이어진 듯한 느낌이었다. 뿌연 연기 같은 나뭇가지가 지평선 끝까지 펼쳐진 숲속에서는 사냥할 짐승을 뒤쫓을 때 사용하는 상아 뿔피리 소리가 들려오는 듯했다. 님프들과 숲의 신 실바누스로 변장한 귀부인과 영주들을 위해 신화 주제의 발레 음악이 들려오는 것 같았다.(Flaubert, 1964)

물론 실제로는 그렇게 호사스러운 방이 아니고 오히려 뭐가 뭔지 알 수 없는 잡동사니가 대량으로 수납되어 있는 곳이지만, 내게는 신화의 모티프로 채색된 왕궁이다.

그러나 생활하다보면 방은 점점 더 지저분해진다. 불결해진다. 나는 방 청소가 여전히 어려운데, 이 부분에 대해서는 다른 항목에서 말해보겠다(244쪽 '생활 돌봄을 받다'를 참조).

⁴⁵ 건망증, 분실, 미아
—

건망증이나 중요한 물건 분실은 ADHD인의 주의력결핍에 관한 주요 어려움이라고 할 수 있다. 이에 관해 "그런 점은 나도 마찬가지야. 앓는소리 하고 있네"라는 반론이 정형발달인들에게서 나오기도 한다. 그러나 다치이리 가쓰요시가 썼듯이 우리에게는 그런 어려움의 양상이 "맑은 가운데 때때로 흐림"이 아니라 "비 가운데 때때로 흐림"인 것이다(2017). 이 차이는 크다.

"대체로 아무것도 잊지 않지만 때때로 무언가를 잊어버리는 것"과 "대체로 무언가를 잊어버리지만 때때로 아무것도 기억하지 못하는 것"은 크게 다르다. "아침은 기본적으로 밥을 먹지만 가끔은 빵을 먹는다"와 "아침은 기본적으로 빵을 먹지만 가끔은 밥"인 것과 비슷하게 다르다.

내 해결 방법을 써보자. 건망증을 막기 위해 몇 년 동안 항상 같은 숄더백을 쓰고, 밖에서 필요한 건 가능하면 늘 그 가방에 모두 넣어두고, 그 숄더백은 외출 중에 절대 어깨에서 내려놓지 않는다. 그래도 우산을 매일 휴대하는 것은 힘들고, 휴대한다고 해도 자주 잃어버린다.

그래서 나는 '유럽에서는 이 정도 비엔 우산을 안 쓰기도 하지 않나'라고 생각하며 젖은 채로 걷는 일이 많다. 그러면서 '지금 나는 양치식물이다'라고 하며 기뻐한다. 비가 쏟아지기 시작할 때는 잃어버려도 되는 싸구려 우산을 쓴다. 위에서 언급했듯이 분실하지 않으려고 스마트폰에 끊임없이 뭐든지 기록하는 것이 대원칙.

우리 중 대부분은 길 잃기의 달인이기도 하다. 정보의 정리가 어렵다는 점에서 정리·분실과 같은 종류의 문제일 수도 있고, 나아가 우리가 종종 좌우맹이기도 하다는 점, 공간의 입체적 파악이 어렵다는 점도 관련 있을 것으로 추측된다.

아야야가 마음속으로 경로를 촬영하듯이 볼 수 있다고 썼을 때, 이 문제와 무관하지 않은 듯해 나는 부러웠다. "새로운 길을 걸을 때, 모퉁이가 구부러지거나 이정표가 될 만한 곳이 나타날 때마다 의식적으로 거리 풍경을 마음속에 담아두기도 한다. 이런 행동은 집으로 가는 길에 헤매면 안 된다는 불안감, 혹시 다음번에 왔을 때는 찍어놓은 사진을 꺼내보고 대조하면서 이미 알고 있는 길이니까 괜찮다고 안심하고 싶어하는 마음에서 온다."(2008)

나는 이런 능력이 없어서 바둑판 모양으로 유명한 교토 중심부에서도 길을 잃고 만다. 최근 들어 스마트폰을 열고 지도 앱을 켠 다음, 역시 스마트폰에 내장된 나침반을 함께 쓰는 방법으로 거리에서 당하는 심각한 조난을 가까스로 이겨낼 수 있게 되었다.

8. 동물

⋮

⁴⁶ 움직이는 동물원

—

나는 식물에 대한 동경이 매우 강하지만 동물도 좋아한다. 포유류는 물론 조류, 파충류, 양서류, 어류, 무척추동물 등 모두 호기심을 끈다. 아마 내가 자주 "동물 같다"는 말을 듣기 때문일 것이다. 평균과는 상당히 다른 몸짓, 행동 양식, 습성 등이 그런 인상을 남길 것이다. 그래서 나는 나 자신을 "움직이는 동물원"이라고도 부른다.

흥미롭게도 실제로 발달장애인이 동물을 닮았다는 사실을 유머러스하게 이야기하는 사진 에세이집이 있다. 캐시 후프먼은 『고양이는 모두 아스퍼거증후군이다』에서 자폐인이 얼마나 고양이와 닮았는지, 『강아지는 모두 ADHD』에서는 ADHD인이 얼마나 개와 닮았는지 애정을 담아 그리고 있다. 이 두 권의 사진집은 아주 매력적이지만 몸을 쓰는 데 서툴러 여기저기 부딪히며 살고 있는 나는 너무도 멍청한 강아지나 고양이라고 할 수 있겠다.

47 유형성숙

—

나는 사시가 있어서 피곤하면 양쪽 눈 모두 초점을 맞추지 못한다. 그 모습이 양서류의 얼굴을 연상시킨다. 그림 동화의 『개구리 왕자』를 따라서 나는 스스로를 비밀리에 '우파루파 왕자님'으로 부른다. 우파루파(멕시코 도롱뇽)는 유형성숙하며, '아호로틀'이라 불린다.

나는 나에게서 유형성숙을 본다. ADHD인은 삼십대 후반에 이르러 겨우 스물한 살의 정형발달인의 성숙도에 도달한다는 의견도 있다(Kingsley, 2019). 정신적으로 젊다고도 말할 수 있겠지만 정형발달인의 평가는 '유치하다'나 '미숙하다' 등으로 엄격하게 내려진다.

발달장애인에게 "좀더 어른이 되라"거나 "이제 어린애가 아니잖아" 등의 발언을 한다면 그는 신경다양성이라는 개념을 모르는 사람이다. 거기엔 다수의 기준에 따라 소수를 일방적으로 단죄하는 거만함이 있다.

⁴⁸꿈, 깨지기도 하는

—

나는 여러 해 전 작가가 되어 크게 성공하겠다고 느닷없이 결심하고 단편소설을 쓴 적이 있다. 원인은 조울증 발병이 아니라 ADHD의 충동성과 과집중이었다. '맥물소를 닮은 흑갈색 포유류 동물로 남양·남미 등지의 밀림의 물가에 산다 과학'이라는 분야(물론 가상)에 뛰어드는 과학자가 주인공인 이야기였는데, 맥 과학이란 실재하는 맥의 뇌에서 인간의 꿈을 먹고 축적한 경험세계를 추출해 맥의 불가해하고 아득해지는 오감을 경험할 수 있도록 하는 분야를 말한다.

나는 이 소설이 꽤나 대단한 수준이라고 믿고 한 문예지에 응모했지만 결과는 일차 예선조차 통과하지 못하는 참패로 끝났다. 그러나 일찍이 연구자를 지망했고, 연구자가 아니었다면 어릴 때는 만화가, 성인이 된 후로는 그림책 작가가 되고 싶었던 내게

소설을 쓰고 싶다는 마음을 접는 일은 그리 어렵지 않았다. 그렇게 나의 소설이라는 업에 대한 도전은 단 한 번으로 끝났다.

9. 타자

⋮

⁴⁹ 기괴한 용모

ㅡ

얼굴 표정이 독특한 점을 우리는 자주 지적받는다. ASD의 진단 기준 사례로는 "얼굴 표정과 비언어적 의사소통의 전반적 결핍"을 들고 있다(APA, 51). '전반적 결핍'이라니, DSM-5는 정말로 무례하군요.

브라운스는 "일반적으로 활짝 웃는 얼굴"을 바로 만들 수가 없어서 "인심 좋은 표정"을 지어 보여도 "오만상"을 찌푸리는 표정이 되어버린 경험을 기술하고 있는데(2005), 나 역시 이 경험을 계속하고 있다. 즉 자연스러운 표정으로 웃는 것이 어렵다. 히가시다는 "내게 정말 즐거웠던 기억이거나 책 속의 한 페이지"가 "떠오르며 환한 미소를 짓는" 것처럼 "머릿속에 돌연 번쩍"함으로써 "엄청나게 하이 텐션이 되는" 때가 있다고 하는데(2007), 나도 평소의 울적한 얼굴과는 180도 다르게 만면의 미소를 띠곤 해서 때때로 기분 나쁘다는 반응을 듣는다.

원인으로는 거울신경 가설이 떠오른다. 뇌의 전두엽에는 하전두이랑inferior frontal gyrus이라 불리는 부위가 있고, 그곳에는 타자의 운동에 자동으로 공명해 자신의 운동과 연결시키는 거울신경이라는 것이 존재한다. 자폐인은 이 거울신경의 기능이 약하다는 것이다.

나는 사진이나 영상으로 본 내 얼굴 표정에 강한 혐오감을 느낀다. 나를 '정상'이 아니라고 간주하는 정형발달인의 견해를 내면화해버린 탓에 부분적이긴 해도 나 자신을 부정하는 감정이 형성되어 있다고 생각한다.

그래서 내게는 추형공포증(신체이형장애) 경향이 있다. 성형수술에 집착한 마이클 잭슨의 기분을 알 것도 같지만, 마이클 잭슨이 잘 웃었던 데 비해 나는 잘 웃지 못한다. 자폐인은 동조 압력에 잘 굴하지 않기 때문에 웃는 것이 바람직하게 여겨지는 상황에서도 웃지 않거나 웃으면 불성실하게 여겨지는 상황에서 웃거나 한다.

⁵⁰ 독특한 원근감

—

옐란드는 "나는 때때로 원근감을 상실하곤 한다. 내 쪽으로 다가오는 사물의 속도가 빠르거나 내가 예측하지 못했을 때는 매우 거대하게 보인다"(2000)라고 쓰고 있다. DSM-5의 ASD 진단 기준에는 "비정상적인 사회적 접근"을 예시로 들고 있고, 그에 대한 실증적인 연구도 있다(浅田, 2015).

나는 특히 젊었을 때 사회적 거리가 가깝다는 지적을 받은 경험이 몇 번이나 있어서 이 문제에 신중해졌다. 하지만 익숙하지 않은 상황에서는 지나치게 거리를 좁혀버린다. 한 예로 최근 코로나19 때문에 온라인 회의를 진행할 일이 대폭 늘어났는데, 나는 늘 카메라와의 거리가 너무 가깝다. 결과적으로 나란히 있는 얼굴들 가운데 내 얼굴만 크게 나오거나 화면에 비추는 얼굴의 각도가 독특하다. 그래서 되도록 카메라는 끄고 있다.

⁵¹ 얼굴엔 그저 무심한

—

옐란드는 어린 시절 "인간이 저마다 각각 얼굴이 다르다는 것을 몰랐다"면서 처음 어린이집에 갔을 때의 경험을 "이 세상에 얼굴이 없는 사람이 그렇게 많이 있는 줄 몰랐고, 그렇게 완전히 얼굴이 없는 사람이 있다는 것도 몰랐다"고 회상한다(2000).

브라운스는 인간을 크게 두 종류로 구분했다고 쓰고 있다. "한쪽은 좋은 생명체들로, 산뜻한 형체. 다른 한쪽은 내게 위협을 가하는 생명체들로, 박쥐들. 산뜻한 형체는 어떤 전조도 없이 돌연 박쥐로 변신하기도 하고 그 반대도 있다. 왜 그런 일이 생기는지 알지 못했다."(2005) 그에게는 "산뜻한 형체"도 "박쥐들"도 똑같이 "물웅덩이"처럼 보였다(2005). 자폐인은 정형발달인에 비해 얼굴에 대한 기억이 정착되기 힘든 경향이 있다는 점이 연구에서도 나타나고 있다(Griffin, 2020).

나는 옐란드와 브라운스만큼 심각한 안면인식장애와는 거리가 멀고 얼굴은 어느 정도 구별할 수 있다. 그래도 주변 사람들이라면 쉽게 구별할 수 있는 업무상의 동료, 지인, 연예인 등을 거의 같은 얼굴로 인식해버리기도 한다.

정형발달인도 종종 개나 고양이의 얼굴을 구별하기 힘들지 않을까. 마찬가지로 우리는 인간의 얼굴을 볼 때 그렇게 된다. 나는 입체를 이미지화하거나 깊이를 파악하는 것을 어려워하는데, 그 때문에 얼굴이라는 입체도 인식하기 어려운 것일 수 있다.

보다, 보여지다

—

ASD의 진단 기준에서는 시선을 맞추지 않는 것을 '증상' 중 하나로 들고 있다.

브라운스는 연인으로부터 "당신은 내 눈빛이 어떻든 아무 상관이 없더라, 전부터 느꼈던 거지만. 둘이서 얘기할 때도 절대로 내 얼굴을 안 보잖아"라고 지적받았던 것을 회상했다(2005). 나도 눈을 맞추고 말하는 것이 좀처럼 쉽지 않다.

수업 후 강의평가서에 한 제자가 "왜 교수님은 항상 고개를 숙이고 수업을 하세요?"라고 쓴 적이 있다. 나는 "옛날에 영국 록밴드 중에 '슈 게이저'라는 팀이 있었는데 연주할 때 고개를 숙이고는 자주 '구두', 그러니까 '슈shoe'를 계속 보고 있는 사람, 그러니까 '게이저gazer'가 있었어. 나는 그 사람들의 음악을 좋아해서 영향을 받은 거야"라고 답한 적이 있다. 슈게이저Shoe-gazer에 대한 토막 상식은 사실이지만 내가 그 영향을 받았다는 설명은 거짓말이다.

우치우미는 ASD의 기본적 장애를 "타인이 내 쪽을 향해서 다가오는 지향성에 촉발되지 않는 것"이라고 말한다(2015). 무라카미 야스히코는 우리가 눈 맞춤을 어려워하는 특성을 갖고 있는 것과 관련해 '시선 촉발'이라는 용어를 사용하며 그것이 자폐인에게는 침습적인 '불의의' 사건으로 작용한다고 지적한다(2008).

두 사람은 타인에 의해 '촉발되지 않는' ASD의 특성을 주목하지만 내 생각은 다르다.

우리는 타인에 의해 강하게 촉발되는 특성도 갖고 있다. 우리는 주변 사물들이 '무수한 소용돌이'를 만드는 체험적 세계 속에서 살고 있으며, 내면에서는 빈번하게 일어나는 플래시백에 따라 과거의 기억에서 자극을 받는다. 그래서 타인의 시선에 의해 주의가 촉발되기 어렵거나 시선에 호응하기 위해 노력하는 데서 스트레스를 받기도 한다. 다시 말해 우리는 너무도 미리 촉발되기 쉬워서 새로운 촉발에 둔해지는 것이다.

여기에 더해 나는 누가 내 눈을 바라보면 압박이 느껴지고 그 사람의 세계에 휩쓸려 들어가고 만다. 이른바 동조 압력을 느끼며 고통스럽다. 신경다양성을 존중하지 않는 악마의 세계에 끌려들어가 정신이 흐물흐물해질 때까지 짓밟히는 듯한 기분을 맛본다. 나는 더 자유로워지고 싶다.

무라나카는 자폐인이 시선을 맞추지 않는 것은 우리 뇌가 "인간을 특별 취급하지 않"고 "주의력 해방"에 뛰어나기 때문이라고 지적한다(2020). 실로 날카로운 지적이다.

무라카미는 "시선 공포 때문에 수업 출석이 어려워진 자폐 경향의 학생"은 "종종 눈을 보고 말하라며 혼나곤 하는데, 모순적이게도 성실하기까지 해서 지도 사항을 그대로 지키려 함으로써 고통이 더해진다"는 것, "눈을 보고 말하지 않아도 된다고 조언하면 그들은 안도한다"고 설명한다(2008).

눈을 보고 말하지 않는 것을 더 포용할 수 있는 사회가 되기를 바란다.

상상력 장애?

—

아스퍼거증후군이라는 개념을 널리 보급한 윙스는 이 증후군과 고전적인 자폐증(캐너 자폐Kanner's autism)에 공통되는 특성, 즉 ASD의 특성을 사회적 상호작용, 의사소통, 상상력의 장애라고 생각했다(1981).

윙스가 말하는 상상력 장애에 대해 니키는 "상상력이 세속에서의 생활에 도움이 되지 않는 장애"라고 설명하며 '부족한 상상력' '틀린 상상력' '과잉 상상력'의 세 종류로 구분하고 있다(2007). 그러나 '과잉 상상력'이 정말로 '장애'일까. '부족한 상상력'과 '틀린 상상력'은 그렇다 치고 '과잉 상상력'은 때로 긍정적인 의미를 지닌다.

후지이에는 과거 외국에 대해 잘 상상하지 못했다고 적는다. "사람들이 이렇게 착착착착착 있다는 건 알겠는데 그 사람의 속은 잘

모르겠더라고요. 각각의 성격이 있고 취향이 있고, 그런 다양한 요소가 있다는 걸 몰라서 그냥 마네킹이 많이 있네 하고 생각했어요"(ニキ·藤家, 2014).

이는 '상상력이 부족하거나' 또는 '상상이 틀린' 예라고 할 수 있다. 그러나 매킨의 예처럼 마음속 공상세계를 '또 하나의 현실'이라 부를 수 있는 환상문학의 규모까지 성장하는 사례가 있다(2003). 나 스스로도 '상상이 과잉'인 적이 많고 어릴 때는 전형적인 '꿈꾸는 소년'이었다.

예를 들면 별것 아닌 말로부터 기상천외한 상상력을 발동시키는 것. 브라운스는 'Zob(중앙버스센터)'라는 약어를 보고 'Zoo(동물원)'에 준하는 것이라고 오해해 흥분한 적이 있다고 회상한다(2005). 홀은 어머니가 '메일 오더mail order', 즉 인터넷 판매를 뜻하는 말을 하는 것을 듣고 남성을 의미하는 '메일male'로 착각해 왜 '피메일female 오더(여성 판매)'는 쓰지 않는지 물어본 적이 있다(2001). 나는 초등학생 무렵 '어메니티amenity'라는 단어를 볼 때마다 즐겨 보던 애니메이션 관련 상품 전문점 '아니메이트'로 착각해 들썩거렸다.

⁵⁴ 잡담 생존자들

—

잡담이 힘들다는 것은 내가 이끌고 있는 당사자연구회에서도 흔한 고민 상담 주제다. 나는 우리를 '잡담 생존자들'이라 부른다.

요네다 슈스케는 '아스퍼거장애'의 핵심적 특징을 "주의, 흥미, 관심을 보이는 대상이 한 번에 하나로 한정되어 있는" 과집중, "동시적·중층적 사고가 어렵거나 불가능한" 단선적 사고, "흑 아니면 백과 같은 극단적인 감정과 사고"를 하는 융통성 없는 사고의 세 가지 점으로 보고 있는데(2011), 우리는 이 세 특성 때문에 잡담이 일어날 때 처리가 어려운 언어 공간에 내던져져 있다. 초점을 어디에 맞추면 될지 확신하지 못 한 채 다층적인 화제가 사람들의 '상식'이라는 모호한 기준에 응하며 흘러가고, 모든 인상은 애매하게 움직인다. 그 점이 우리에게는 심각한 스트레스가 된다.

효과적인 대처 방법은 우선 합기도의 요령과 비슷하다. 기본적으로 상대방의 말을 따라하면서 "요즘은 어떠세요?" "요즘은 이도 저도 못 하고 있네요"라고 하거나 "메이지 밀크 초콜릿 좋아하시죠?" "네, 메이지 밀크 초콜릿 좋아해요"와 같이 대답한다. 웃음을 유발하기도 하는 훌륭한 기술이지만, 지나치면 상대가 자신을 바보 취급한다고 느끼고 분위기가 안 좋아지기 때문에 주의해야 한다.

두 번째는 쓸 만한 표현을 항상 정해두는 것이다. "덥네요"라고 대화가 시작되면 "그러게요, 정말 덥네요. 타죽을 것 같아요. 저는 뜨거운 남자니까요. 하하하"라든가, "덥다고요! 음, 덥다, 로군요! 그럼 다락! 네? 끝말잇기 아니었나요? 아, 아니라고요. 으음, 아뇨, 제가 착각했습니다. 다락방, 다락방. 다락, 까지만 할게요!" 중에 어느 한쪽을 늘 기계적으로 말하는 방법이다. 비결은, 지금 하는 말이 템플릿이 아니라 처음 하는 말이라는 인상을 주는 것이다. 그렇지 않으면 상대가 심란해하며 바라볼 가능성이 높다.

세 번째는 잡담을 "무엇을 문제시하고 있는가"라는 수수께끼를 푸는 시간으로 써먹는 것이다. "부모님께 제대로 효도해야죠"라는 말을 들었다면 "부모親는 한자로 나무 위에 서서 본다고 쓰잖아요. 이 글자 만든 사람 참 대단하죠. 우리 부모님은 나를 나무 위에 서서 봐준 적이 없는데요. 그러고 보니 효도라는 개념 말인데, 유교에서는 본래……" 운운하는 것. 하지만 "딱히 논쟁하고 싶은 건 아니다"라고 잘라 말하는 상대라면 이 선택지는 고르지 않는 편이 좋다.

이런 궁리를 함으로써 많은 잡담은 과집중 특성, 단선적 사고, 융통성 없는 사고 특성으로 처리할 수 있도록 변형되어야 맞지만, 실제로는 좀처럼 쉽지 않다.

⁵⁵ 키메라 현상

—

우리는 많은 생명체가 앞다퉈 등장하는 그리스 신화의 괴물인 키메라와 닮았다. 십대 시절 이와아키 히토시의 만화 『기생수』에서 한 인간과 그의 몸에 공존하는 기생 생물의 캐릭터를 보고 나와 비슷하다고 느꼈다. 무슨 뜻일까. 이런 사정을 나는 '키메라 현상'이라 부르는데, 아야야는 이를 '몸짓의 침입'과 '캐릭터의 침입'이라는 용어로 훌륭하게 설명하고 있다.

아야야는 '몸짓의 침입'에 대해 "사소한 수다든 진지한 회의든 말하는 사람에게 집중해 15분 정도 이야기를 듣고 있으면 그 사람이 얼굴 근육과 손을 움직이는 방식을 보고 '으앗!' 하고 충격이 지나간다. 자각은 없지만 그때부터 자동으로 카메라의 연속 셔터를 누르듯이 기록이 시작된다. 그리고 다음으로 내가 '표출할 기회'를 얻었을 때 지금까지 써본 적 없는 근육을 움직이며 방금 전 기억된 표정과 동작을 만들기 시작하는 것이 자각된다"고 설명한다 (2008).

이 현상은 "TV 드라마나 영화, 무대 연극을 볼 때도 벌어진다". "본래의 내 캐릭터가 완전히 사라지지는 않기 때문에 침입해온 타인의 캐릭터가 계속 이물질로 느껴지는 고통이 있다. 타인의 캐릭터가 크게 부풀어 몰려오는 것을 느끼고 짓눌린 채 납치당할 것 같은 상태임에도 '나'는 사라지지 않고 계속 존재하며, 작아진 껍질을 단단하게 해서 필사적으로 발버둥치며 대항한다." "이물질이 고통스러워 배출하려고 갈등하는 괴로움은 상한 음식을 먹었을 때 식중독에 걸려 고통스러운 감각과 닮아 있다."(2008)

'캐릭터의 침입'에 대해 그녀는 연회장을 예로 들어 설명한다. "잡담하는 사람들을 바라보는 동안 각각의 캐릭터 정보가 무의식 중에 대량으로 내 안에 축적되어, 집으로 돌아와 혼자 조용히 있을 때 영상이 재생되기 시작한다." 말하자면 플래시백인데, "사람들의 모습이 깊이 각인되어 일정 기간 몇 번이고 영상이 재생된 나머지 내 캐릭터를 침식하기 시작한다"(2008).

'발달 일원'에서는 아들러 심리학의 자타 분리(과제의 분리)라는 말이 자주 화제에 오른다. 사용하는 사람에 따라서 뉘앙스가 다르지만, 대략 말하자면 발달장애인은 타인의 의견을 지나치게 무겁게 받아들여 타인의 문제를 자신의 것으로 혼동하는 경향이 있기 때문에 자기 이해를 심화해 "타인은 타인, 나는 나"라고 깊이 인식함으로써 삶의 난도를 낮출 수 있다는 것이다. 나도 이 생각에는 기본적으로 동의하지만, 한 가지 드는 생각은 키메라 현상 때문에 자동으로 다운로드 되는 타인의 '캐릭터'는 타인이 아니라 둘도 없는 나 자신의 일부가 아닐까 하는 점이다. 그렇게 받아들임으로써 나는 내 키메라를 긍정적으로 이해하고자 한다.

그렇다고 하더라도 키메라에는 전체를 통솔하는 중심 의지가 필요할 것이다. 그렇지 않으면 우리는 분해되어 또는 분해될 것 같은 상태로 고통을 맛보게 된다. 그런 점에서도 '키메라로서의 나 자신'을 자각하고 자타 분리를 연습하는 의미가 있다고 본다.

56 위장(정형발달인 척하는 자아)

앞서 말한 것처럼 우리는 키메라 현상에 무방비한 면이 있다. 이 특징 때문에 우리 중에는 타인의 장점을 베껴오기를 잘하는 사람도 있다. 윌리는 "마치 프로 팬터마임 배우처럼 다른 누군가의 성격을 그대로 빌려오는 것이다. 감기에 걸린 사람과 접촉하면 감기가 옮는 것처럼 상대의 성격이 쉽게 전염된다"(2002)고 말한다.

그녀는 이를 반향어가 발전한 것이라고 해석한다. 나는 주체적인 키메라 현상이라고 생각하지만 반향어든 키메라 현상이든 모두 외부에서 수용한 것의 자동 반복이므로 본질적으로는 같다.

우리 같은 사람들 사이에서는 이 현상을 '위장masking'이라 부른다. 이것은 단순한 시늉이 아니다. 위장에는 키메라 현상으로 자신이 해체되는 것을 피하고 동일성을 유지하기 위한 의미도 있다.

위장에는 개인차가 있어, 자폐인 중 위장을 거의 하지 않는 사람도 있다. 사람마다 아주 미묘하게 다른데, 어쨌든 위장은 종종 '과잉적응'을 부르고 만다. 즉 자신의 한계를 넘어서 흉내를 내는 것이다. 그러면 2차 장애가 발생한다.

나도 '일반인'으로 심하게 위장한 나머지 우울 상태(적응장애)에 빠진 적이 있다. 그래서 나는 위장을 '정형발달인 척하는 자아'라고 부른다. 여기서 정형발달인 척하는 자아란 물론 자학적인 표현이지만, 이 점을 전면 부정할 생각도 없다. 한 예로 이 책의 대부분은 정형발달인 척하는 자아로 인해 태어났다고 할 수 있다. 그렇지 않고서는 타인과의 의사소통은 극히 힘들다.

⁵⁷ 왕따 또는 집단따돌림

—

당연하다고 해야 할지 모르겠지만 발달장애아는 따돌림 당하기에 적격이다. '이 녀석은 발달장애인이군' 하면서 육체적·정신적으로 폭력을 휘두르는 경우가 있고, 그런 의식 없이 이물질을 제거하듯 폭력을 행사하는 경우도 있다.

나는 초등학생 때부터 고등학생 때까지 9년 동안 대부분의 학년에서 따돌림을 당했다. 여러 명에게 당한 일도 있고 어떤 한 사람에게 당한 적도 있다. 그 9년 동안 자살하지 않은 것은 내게 커다란

자부심이다.

자폐인의 수명은 평균보다 18년 짧다는 연구 결과가 있다(Cha, 2016). 지적장애와 특정학습장애를 함께 갖고 있다면 30년, 그렇지 않다면 12년 짧다고 한다. 과거 아스퍼거증후군이라 불린, 지적장애가 없는 이들 사이에서도 자살 위험은 일반 집단의 두 배에 달한다. 많은 자폐인이 마흔이 되기 전에 죽는다. 원인은 사회적·문화적 압박이다. 순응을 강제당하고 고립된 채 죽고 싶다는 생각에 사로잡혀 자살한다.

자살하는 동료들을 구하기 위해서라도 신경다양성이라는 개념이 널리 이해되어 사회의 지원이 늘어나기를 바란다.

58 절교는 신중하게

—

DSM-5는 ASD의 진단 기준으로 "관계 발전, 유지 및 관계에 대한 이해의 결함"이라고 밝히고 있다. 시몬은 ASD 여성에 대해 "다리bridge를 불태운다"라는 표현으로 그 심리를 설명하고 있다. 이것은 '선제공격'과도 닮았는데 "해고되기 전에 내가 먼저 그만둔다, 버림받기 전에 상대를 버린다, 상황이 엉망진창이 되기 전에 사라진다"는 것이라고 지적한다(2011). 여성에 한해 자폐인은 절교의 명인이다.

그녀는 제안한다. "이것을 나쁘다고만 볼 수는 없습니다. 못된 사람들만 있는 싫은 장소가 있는가 하면 정신과 영혼에 좀더 건전하고 진보적인 환경이 존재하기 때문입니다. 그러나 세계일주를 두 번 다녀와 중년이 되었는데도 여전히 다리를 불태워버리고 있다면, 이제는 슬슬 주변을 돌아보고 뭐가 어떻게 된 일인지 생각해보는 편이 좋겠지요."

나는 문자 그대로 세계일주를 두 번 했고 게다가 이미 중년이 되었으므로 시몬의 이 문장을 씁쓸하게 읽을 수밖에 없었다. 내가 진단을 받은 것은 사십대가 되어서였고, 그 후로 본격적으로 나 자신에 대한 이해를 심화할 수 있었기 때문에 더 빨리 진단을 받았다면 "다리를 불태우는" 일은 확연히 줄지 않았을까 한다.

"다리를 불태운다"는 것은 좋은 표현 같다. 실제로 내 인간관계는 화염에 휩싸인 적이 많았다. 관련된 불행한 기억과 자기혐오가 플래시백이 되어 엄습해온다. 그런 때 나를 가장 위로해주는 것은 문학 읽기다. 특히 나는 그런 유의 플래시백이 일어날 때 진 리스의 『광막한 사르가소 바다』(2016)의 마지막 장면을 번역하는 것을 좋아한다. 아래의 인용은 감금된 방을 빠져나온 여성 주인공 버사가 촛불로 저택에 불을 지르는 대목이다.

내가 지붕 위로 올라갔을 때, 시원한 바람이 불었고 사람들의 고함도 거의 들리지 않았다. 나는 조용히 거기 앉아 있었다. 얼마나 시간이 지났는지 알 수 없었다. 나는 몸을 돌려 하늘을 보았다. 하늘은 붉은색이었고 내 모든 인생이 그 안에 있었다. 나는 할아버지 시계 그리고 코라 이모의 알록달록한 조각이불을 보았다. 나는 양란 그리고 덩굴식물들 그리고 재스민 그리고 생명의 나무가 불타오르는 것을 보았다. 나는 샹들리에 그리고 아래층에 있던 붉은 카펫 그리고 대나무 그리고 양치식물인 황금색 고사리 그리고 은색 고사리, 정원 담을 덮은 벨벳처럼 부드러운 초록색 이끼들을 보았다. 나는 인형의 집 그리고 책들 그리고 밀러 씨의 딸이라고 이름 붙은 그림도 보았다. 나는 앵무새가 모르는 사람을 보면 항상 그랬듯이 거기 누구세요? 거기 누구세요?라고 묻는 소리를 들었다. 나를 증오하는 사나이가 나를 부르고 있었다. 버사! 버사!

불타는 광경이 연옥의 화염처럼 내 마음을 정화한다.

우리는 공감능력이 없는 사람들?

—

DSM-5의 ASD와 ADHD에 대한 진단 기준 및 그 밖의 사항은 지금까지 인용한 대목에서 종종 그랬듯이 이질적인 것을 냉철하게 관찰하는 '일반인'(또는 정형발달인)의 독단적인 시선으로 점철되어 있다.

ASD의 사회적 의사소통에 관한 진단 기준은 "다양한 분야에 걸쳐 나타나는 사회적 의사소통 및 사회적 상호작용의 지속적인 결함"이 있고, "사회적-감정적 상호성의 결함" 및 "사회적 상호작용을 위한 비언어적인 의사소통 행동의 결함"이 있다는 것과 "흥미, 감정 공유의 감소"를 지적한다(APA).

사회적 의사소통에 관한 '진단적 특징'은 다음과 같이 기술되어 있다. "사회적 의사소통에서 언어적·비언어적 결함은 치료 경력 및 현재의 지원과 같은 요인뿐 아니라 개인의 연령, 지적 수준, 언어 능력과 같은 여러 요인에 따라 다양하게 나타난다. 다수가 언어 결함을 가지고 있으며, 그 범위는 말을 전혀 못 하는 경우에서부터 언어 지연, 말에 대한 이해력 부족, 반향 언어, 또는 부자연스럽고 지나치게 문자 그대로인 언어에 이르기까지 다양하다. 형식적인 언어 기술(예컨대 어휘, 문법)이 손상되지 않았다고 하더라도 상호적인 사회적 의사소통에서 사용하는 언어는 손상되어 있다."

다음의 대목에서는 악의조차 느껴진다. "특정 언어가 존재할 때 그것은 종종 일방적이고 대인 상호성이 결여되어 있으며, 의견을 말하고 감정을 공유하고 대화를 나누기보다는 요구하고 분류하는 데 사용된다."

나아가 다음과 같은 대목도 있다. "사회적 상호작용을 위한 비언어적 의사소통 행동의 결함은 눈 마주침이 없거나 드물고 이상하며(문화 규범과 관련된), 몸짓, 얼굴 표정, 신체 정위, 말하는 억양의 특이함으로 나타난다."

문화 규범에 관한 최소한의 유보는 가능하겠지만, 그렇다 해도 DSM-5는 '장애'의 소재에 관해 둔감한 진단을 내릴 뿐이다. "사회적 상호작용, 비언어적 의사소통, 관계의 표준에 대한 문화적 차이는 존재하지만, 자폐스펙트럼장애 환자는 사회적 맥락에 기초한 표준에서 뚜렷한 손상을 보인다."

자폐인의 공감 문제는 '마음 이론의 장애', 즉 "상대의 행동에서 그 바탕에 있는 것을 보지 못함, 의지를 추론하지 못하는 장애"(熊谷·國分, 2017)로도 알려져 있다. 그러나 구마가야는 자폐인에 대해 종종 지적하는 마음 이론의 장애와 관련해 다음과 같은 문제를 제기한다.

"자폐스펙트럼장애가 아닌 '정형발달인'이 자폐스펙트럼장애인이 '몸을 떠는' 행동을 봤다면, 과연 그 행동의 배후에 숨어 있는 의지를 정확히 추측할 수 있을까요. 자폐스펙트럼장애인이 정형발달인의 행동에서 의지를 추측할 수 없는 것도, 그와 똑같은 수준에 있는 현상에 지나지 않습니다. 양쪽 다 '마음 이론'의 실행에 실패한 것인데도 어떤 이유에서인지 자폐스펙트럼장애를 가진 사람만 '마음 이론의 실행에 장애가 있다'는 말을 듣지요. 여기서 저는 다수의 의해 자행되는 이론의 그로테스크한 비약을 느끼지 않을 수 없습니다."

아야야 역시 의사소통과 사회성은 양방향으로 직조되어가는 것인데도 불구하고 진단 기준에서는 한쪽만 문제시되는 데 대해 의문을 제기한다(2018).

마음 이론에는 다양한 오해가 있다. 자폐인의 대부분은 단순한 형태로 타인의 마음을 짐작하기 어려워하는 것이 아니다. 아야야는 "왜 그 사람들이 그렇게 움직이고 그렇게 말하고 그런 화법을 쓰고 그런 단어를 쓰는지처럼 사람들이 '의도'하고 있을 가능성을 너무나 많이 추측해버리기 때문에 오히려 한 가지를 정하지 못하고 '읽지 못한다'는 지적을 받는다"고 말한다.

나도 마찬가지다. 정형발달인은 타인의 의도를 읽을 때 세 가지 선택지 중 하나를 고르는 문제처럼 풀고 있는 데 비해 우리는 열 가지 선택지 중 하나를 고르는 것처럼 풀고 있는 것이 아닐까.

ASD는 공감에 특수한 문제가 있다는 견해 역시 재검증해야 할 여지가 있다. 프리스는 인간의 공감능력을 '본능적인 동정'과 '의도적인 공감'의 두 가지로 구분한다(2009). 전자는 자율신경계의 반응을 동반하는 자연적이고 단순한 감정 반응으로 심리화 능력이 필요 없이 '내면의 안쓰러운 마음'을 만들어낸다. 후자는 그에 비해 필수적인 심리화 능력으로, 타인의 마음 상태를 읽어낼 수 있으며 그럼으로써 타인이 불행에 휩싸였을 때의 슬픔을 실제로 느끼지 않더라도 정확히 이해해 적절하게 반응할 수 있게 된다. 즉 자폐인은 '본능적인 동정' 능력을 갖추고 있지만, '의도적 공감'은 할 수 없다는 주장이다. 그런데 이 말은 사실일까?

자폐인은 자폐인을 상대할 때 각자 전전두엽피질의 활동이 촉진되어 서로가 닮았다고 자동으로 판단한다. 이때의 회로는 정형발달인을 상대할 때는 활성화되지 않는다는 실험 결과가 있다(Komeda, 2015). 여기서 우리 동료들 사이에서는 정형발달인이 서로 보유하고 있는 것과 똑같은 공감능력을 갖고 있다고 추정할 수 있다. 만약 그렇다면 자폐인이 지적받는 낮은 공감능력은 사실 소수인 우리와 다수인 정형발달인 사이의 단절 때문에 생긴 오해인 셈이다.

영국에서는 4세부터 18세까지의, 중등도의 지적장애가 있는 이들부터 지적 수준이 높은 이들을 포함한 자폐인 실태 조사를 실시했는데, 자신의 모어나 태어난 곳의 방언을 사용했을 때, 짧은 대화를 기본으로 했을 때, 객관적인 지식에 관해 서로 토론할 때, 얼굴을 마주하지 않았을 때, 훈련된 개를 개입시켰을 때, 문자판 등을 사용했을 때, 발언의 속도를 늦추지 않았을 때 등의 항목에서 기존 평가 이상의 의사소통 능력을 보여줬다(Ochs, 2010). 즉 환경이 조정되면 자폐인은 그 힘을 최대한 발휘할 수 있게 되는 것이다.

그렇다면 사람에 따라서는, 환경의 조정 없이 능력 발휘가 불가능하다는 사실 자체가 바로 장애라는 주장도 가능할 것이다.

하지만 이렇게 생각해봤으면 한다. 애초에 우리는 일상적으로 다수인 정형발달인에 적합하게 디자인된 사회에서 살 수밖에 없다. 처음부터 환경을 조정할 수 있었기 때문에 정형발달인은 그들의 능력을 발휘하고 있다. 대형 야생동물에 포식되지 않기 위해 가옥에서 비바람을 피할 수 있도록 '합리적 배려'가 이루어지고 있는 것과 마찬가지다. 거리는 요철을 무서워하지 않아도 되도록 포장되어 있고, 타인에게 공격당하거나 사유물을 빼앗길까봐 두려움에 떨지 않아도 되도록 법제도가 정비되어 있다. 이런 것이 환경 조정이다. 환경 조정은 다수를 염두에 두고 이루어졌다. 그리고 그런 조정만으로는 부족한 소수가 있다. 소수로서 우리를 위한 환경이 조정되지 않았다는 것은 단적인 불공평이라 할 수 있다.

우리는 키메라 현상, 위장, 또는 뒤에서 이야기할 '지옥행 타임머신' 등으로 정형발달인보다 훨씬 더 타자성에 강제로 관통당한 측면이 있는데도, 우리가 자폐된 세계에 살고 있다는 정형발달인의 독단적인 판단으로 인해 우리의 타자성은 '없던 일'이 되어버린다. 우리의 '목소리'는 수탈되고 침묵을 강요받는다. 우리는 훌리오 코르타사르와 함께 말하고자 한다. "인류는 인간의 인간에 대한 착취가 끝나는 날, 그 이름에 걸맞게 시작될 것이다"(1985)라고.

60 부패의 제왕

—

ADHD 단가를 한 수 읊어본다.

우유, 두부,

바나나, 양파,

베이컨도!

냉장고 안에서

전멸하고 있다.

—

인터넷에서 내 이름을 검색하면 나에 대한 사이버불링을 볼 수 있다. 그 글을 올린 사람은 한 여성이다. 학부 시절 나와 그녀는 같은 동아리에 속해 있었다. 그녀가 동아리 회지에 신입부원 몇 명에 대한 폭력적인 글을 게재했을 때 회장이었던 나는 앞으로 그런 글은 싣지 않겠다고 전했다. 그러자 그녀는 내 말에 불복하고 동아리를 탈퇴했다.

그로부터 20년 가까이 흐른 어느 날, 그녀는 내가 모교의 교원이 된 사실을 알고 피가 거꾸로 솟았던 듯하다. 익명의 게시판 웹사이트 '고찬네루'(구 '니찬네루')에 악의가 섞인 글을 올리고 대량으로 '복붙'을 했다. 같은 게시판에 "죽이고 싶은 인간에 대해 실명 또는 익명으로 쓰는 댓글"이라는 글에도 같은 내용을 '복붙'한 걸 보고 나는 범행 예고인가 싶어 마음이 암담하게 가라앉았다. 그녀는 블로그에도 사이버불링이 아니라 '정의의 고발'로 보이도록 위장해서 똑같은 글을 썼다. 그 결과, 현재에 이르렀다.

최근 들어 마침내 인터넷상의 인신공격이 범죄라는 인식이 높아지고 있다. 단호하게 법적 조치를 취해야 할지 말아야 할지 아직 고민 중이다.

10. 축복

⋮

[62] 입신 상태

—

우리는 법열 또는 은총으로 축복받았다. 지금부터 나는 종교적 초월 체험 또는 매슬로가 말하는 '신비 체험'이 우리와 매우 관계 깊을 수도 있다는 점을 시사하려 한다.

인간은 몰입할 때 일반적인 경지를 넘어선 몰입감을 경험한다. 이 몰입감은 스포츠 과학 분야에서는 인상적·특권적인 '구간'에 진입했다는 감각을 얻기 때문에 '존zone'이라 불린다. 긍정심리학에서는 큰 흐름을 타고 있는 듯한 감각을 얻는다는 점에서 '플로flow'라 불린다. 플로라는 명칭을 붙인 미하이 칙센트미하이에 따르면 이 현상은 "행위에 전인적으로 몰입해 있을 때 인간이 느끼는 포괄적 감각"이자 "특이하고 다이내믹한 상태"이기도 하다(2000). 원칙적으로 "지각된 도전과 능력이 행위자의 평균 수준보다 높을 때 알아차리게 된다"는 사실이 밝혀졌다(2003).

자폐인과 ADHD 일원에서 이 '존' 또는 '플로'는 과집중으로 알려져 있고, 우리 일상에서 흔히 발생한다. 아마도 ASD의 강박과 ADHD의 충동성이 기폭제로 작용하고 있을 것이다.

특별히 깊은 과집중은 강한 인상을 남기기 때문에 이를 경험하는 동안 돌연 신의 강림을 체험하듯이, 또는 (그 정도까지는 아니더라도) 계시의 순간처럼 착각을 유발하는 일이 있다.

브라운스는 어느 작가가 TV 프로그램에서 자신들의 작업은 이야기를 '말하는erzählen'독일어로 '하나하나 수를 세다, 이야기하다'라는 뜻이 동사 일이라고 밝히는 것을 들었을 때, 여름날 해변에서 모래를 '셌던 zählen' 일을 착각 속에서 떠올리고는 자신 역시 작가라는 영감을 받게 된다. "설탕처럼 포슬포슬한 모래를 만지자 손에 가루가 묻은 것 같았다. 모래 알갱이는 햇살을 받아 무지갯빛으로 빛나고 있었다. 손이 몸에서 멀어져 공기 중을 떠도는 듯한 감각이 느껴지며 더할 나위 없이 행복했다. 내 시선은 몇 시간이나 화려한 모래 속으로 빨려 들어갔다."(2005)

우리 사이에서는 동료들이 오컬트, 점, 종교에 속기 쉽다는 이야기가 화제에 오르곤 하는데, 그 원인으로 감각과민, 신체성의 희박

함(투명화되기 쉬움), 중동태와 '에스'의 경험 등과 더불어 이 과집중도 들 수 있을 것이다. 이러한, 이른바 변성의식 상태가 '잘 속는' 상태를 유발한다. 아야야는 과집중을 "영원 모드"라고 부르는데 여기에는 시간 감각을 잃어버린 "영원"과 "끝없는" 공포심이 있다고 한다(2008). 한편 나를 포함해 많은 자폐인과 ADHD인은 과집중을 지복으로 경험하는 일이 잦다. 결국 과집중으로 쾌감을 얻는 때는 지복이 되고, 과집중으로 일상생활과 노동은 뒷전이 되고 불이익을 감수할 때는 공포가 되는 게 아닐까.

마르쿠스 아우렐리우스는 『명상록』에서 "지금 존재하는 것을 본 사람은 누구든, 영원에서 온 것과 무한에 있는 것 모두를 본 것이다"라고 썼다. 니체는 『이 사람을 보라』에서 "인간과 시간을 초월한 6000피트 너머"라고 썼다. 페르난두 페소아는 『알베르토 카에이로』에서 "나는 시시각각 새로 태어난다고 느낀다/ 이 세계의 영원한 새로움을 향하여"라고 노래했다.

나에게는 그들이 특권적 순간으로 기록을 남긴 것이 실제의 감각으로 이해된다. 전통적 신비 사상과 종교에도 수상한 오컬트(영성계)가 말하는 신비 체험이 있고, 나는 그 체험을 가깝게 느낀다. 내가 성자나 신비주의자여서가 아니다. 발달장애인으로서 뇌의 다양성을 살아가고 있기 때문이다.

신비 체험은 투명화와 일체가 되어 일어나기도 한다. 로베르트 무질은 『특성 없는 남자』에서 주인공이 어느 섬의 해변에서 그러한 순간을 체험한 이야기를 하고 있다.

표현할 길 없이 끌려와버린 경험이었는데도 불구하고 그는 풍경 속으로 가라앉았다. 세계가 그의 눈을 넘어서 다가올 때마다 세계의 내막이 소리도 없이 파도가 되어 그를 향해 밀려왔다. 그는 세계의 심장 안쪽으로 파고들었다. 멀리 떨어진 곳에 있는 연인과의 거리가 바로 곁의 나무까지의 거리와 동등해져 있었다. 내부의 감정이 공간을 무시하고 모든 사물을 연결했는데, 그것은 두 사물이 꿈속에서 섞이지 않고 서로를 통과하는 모습과 닮아 있었다. 내부의 감정은 모든 관계를 바꿔놓았다. 그러나 그 상태는 그것 말고 꿈과는 공통점이 없었다. 맑게 갠, 투명한 사고로 가득 차 있었다. 그 상태 속에서는 원인, 목적, 육체적 욕망에 의거해 움직이는 것은 아무것도 없었고, 분수가 수반 위로 끊임없이 떨어지듯이 만물이 차례차례 새로이 외연을 넓혀가고 있었다.

수동적으로 끌려왔는데도 능동적으로 침잠한다. 능동이기도 수동이기도 한, 또는 능동도 수동도 아닌 중동태의 체험이다. 나도 세계 각지를 여행하며 자연 풍경과 인공물에 감격했을 때 내가 능동도 수동도 아닌, 주체인 내가 어떤 과정의 내부에 존재하는 중동태에 몸을 두고 투명화 양식을 띤 감각의 변용을 맛본 적이 몇 차례나 있다.

흥미로운 점은 중동태로 발생하는 신비 체험이 강한 능동성의 기폭제가 될 수 있다는 사실이다. 무질은 앞서 인용한 투명화의 경험이 소설 속 주인공에게 "비인칭적인 에너지 센터" "그의 깨달음의 상태에 설치된 다이나모"가 되었다고 말한다. 나 역시 그렇다. 신비 체험 자체는 능동적인 것이 아니지만 그것을 품고 간다면 강한 능동성이 탄생한다는 것을 느꼈다. 무질이 '비인칭적인'이라고 쓴 것은 '에스'의 체험을 잘 알고 있었기 때문일 것이다.

젊을 때는 나도 모르게 몸이 화염이나 전자파처럼 무언가를 띠고 있는 것 같다는 몽상을 했다. 그 이미지는 소년 시절 친숙했던 만화 구루마다 마사미의 『세인트 세이야』에 등장하는 '소우주' 개념과 도리야마 아키라의 『드래곤볼』에 등장하는 '초사이언'의 시각적 표현에서 유래한다. 여전히 많은 소년 만화가 답습하고 있는 표현 기법이다. 이들 작품의 등장인물은 적의 공격을 견디는 과정에 휘말리며 거기서부터 폭발적인 반격을 시작한다.

나는 우치미 스즈에의 『유리가면』도 즐겨 떠올리곤 한다. 이 작품에서는 웬만해선 만족하지 못하는 주인공 소녀가 오직 연극에만 천재성을 발휘해 마치 강신 체험처럼 맡은 역할을 신들린 듯 소화하는 장면이 종종 등장한다. 그때 불길이 흔들리는 듯한, 수증기가 일어나는 듯한 시각 효과가 사용된다. 우리끼리는 이 주인공, 기타지마 마야가 "너무나 ADHD다"라고 이야기했는데, 이 작품에서도 신비 체험은 강한 능동성을 이끌어내고 있다.

하나 더, (만화 이야기만 계속하게 되는데) 고토게 고요하루의 『귀멸의 칼날』이 있다. 이 작품에서 주인공 귀살대는 혈귀들과의 격투 속에서 호흡법과 일륜도를 구사하며 자신을 극한까지 해방시키고 '투명한 세계'라 불리는 것을 체험한다. 이 작가 역시 중동태와, 그것이 이끌어내는 강한 능동성에 민감한 사람인 것 같다고 나는 느꼈다. 많은 스포츠 선수도 유사한 경험을 하고 있는 게 아닌가 추측된다.

63 깊이 생각하지 말 것(훌쩍훌쩍 모드)
—

과집중 체험은 종종 유사한 예를 찾아볼 수 없는 깊이 또는 고도에 도달한다. 여기서 내 의식은 끝까지 해체되어 인생은 단 한 번뿐이라는 생각에 이른다. 나는 릴케가 『두이노의 비가』(1996)에서 노래한 시를 몇 번이고 떠올린다.

저마다 한 번, 오직 한 번이다. 한 번이고 더는 아니다.

우리 또한 한 번인 것이다. 결코 다시란 없다. 하지만 이렇게
한 번 존재했음을, 비록 단 한 번이라 해도
지상에 존재했음을, 되돌릴 수 없어 보이니

그러나 "오직 한 번"은 '단 한 번밖에 없는데'로 연결되는, 울고
싶은 감정에 불을 붙인다. 그때 내 뇌리에서는 에릭 차렐의 오페레
타 영화 「회의는 춤춘다」에 나온 '단 한 번뿐인 일'이 연주되곤 한
다. 미야자키 하야오의 애니메이션 「바람이 분다」에도 주제가로 삽
입된 가곡이다.

두 번 다시 일어나지 않는다/ 이런 멋진 일, 진짜일 리가 없어/ 마
치 기적처럼/ 낙원에서 황금의 빛이 쏟아져 내려와/ 오직 단 한
번뿐인/ 두 번 다시 일어나지 않아/ 혹시나 그냥 꿈일지도 몰라/
인생은 한 번밖에 없지/ 혹시나 내일은 이미 과거의 일이 되어버
린 건지도 몰라/ 인생은 한 번밖에 없다/ 봄에도 오월은 단 한 번
밖에 없듯이

이 곡이 머릿속을 흐르면 '훌쩍훌쩍 모드'에 진입했다고 느끼며
피로가 축적되었다는 의미로 인식한다. 그런 때는 잘 쉬어주고 있다.

⁶⁴ 특권적 순간이 남기는 강렬한 그림자

—

아야야는 시각적 자극을 너무 많이 받아 감각이 포화되었을 때 보고 있는 광경의 그림자의 대비가 극단적으로 변하는 경험에 대해서 말한다. 나도 과집중 때 그런 경험을 한다. 과집중이란 감각의 포화와 비슷하다.

다음 사진은 교토의 오하라, 산젠인 근처의 작은 강 쓰가와에 걸린 미메이 다리에서 촬영해 수정한 것이다. 나는 사진을 찍으면 이처럼 농담이 강하고 전체가 바랜 듯하게 가공하는 것을 즐긴다. 평범하게 촬영한 사진은 내가 경험한 시각과 일치하지 않기 때문이다. '이렇게 산뜻한 광경이 아니었는데'라고 느끼며 내게 진짜인 사진을 만들기 위해 가공한다.

⁶⁵ 과잉적응

—

과집중의 힘은 강하고 위장masking에도 위력을 발휘하지만, 반발도 커서 그와 같은 위장술은 대부분 결국 나쁜 결과를 초래한다. 과집중으로 위장하게 되면 과잉반응이라 불리는 상황을 유발하기 때문이다.

나는 과잉적응을 통해 대학 교원이라는 일을 소화해냈고 그로 인해 다양한 개인적 실패를 맛보았다. 인생에서 도주하는 듯한 기분이 들 때면 나는 단테의 『신곡』(1838)을 떠올렸다.

숨을 헐떡이며 깊은 바다에서 해안으로 흘러온 자가 무시무시한 바닷물을 돌아보는 것과 마찬가지로 나의 심장은 나를 도망자로 느끼며 뒤를 돌아보고, 누구도 살려서 돌려보낸 적 없는 험난한 길을 바라보았다.

⁶⁶ 작은 과집중과 큰 과집중

—

나는 당사자 연구를 거듭하는 동안 과집중을 통해 과잉적응을 하면서 맛본 실패에서 하나의 라이프 핵을 발견했다. 과집중을 두 종류로 나누는 방법이다.

칙센트미하이는 '플로'를 얕고 빈번한 '마이크로 플로'와 깊고 드문 '딥 플로'로 구별하고 있다. 이 점에 착안해 과집중을, 일상적이고 그것 없이는 매일의 생활에 지장이 생기는 '작은 과집중'과 강력한 퍼포먼스를 일으키는 '큰 과집중'으로 나눠보았다. 작은 과집중은 가능하고 일반적으로 사용해도 무방하지만, 큰 과집중은 결코 뽑아서는 안 되는, 집안 대대로 내려오는 보물 검으로서 온존한다. '여차하면 그걸 쓰자'라고 생각하면서 살다보면 마음에 여유도 생긴다.

하지만 정신 차려보면 나는 이내 큰 과집중에 빠져 있다. 그래서 지속적인 작업을 할 때는 시간을 두고 조금씩 쉬려고 신경 쓴다. 타이머를 사용하는 것도 효과적이다. 온수욕과 냉수욕을 번갈아 하는 것도 효과가 있다. 나 자신을 강제로 리셋하는 것이다.

11. 저주

⋮

⁶⁷ 지옥행 타임머신

—

우리는 시간 도약자, 즉 타임 트래블러다. 우리는 침입적 상기(흔히 말하는 플래시백)를 빈번하게 경험하고 있기 때문이다. 아야야는 이것을 "항상 트라우마와 연결된 기억이라고 할 순 없지만 정보 처리가 불완전해 포화된 선명한 기억이 차례로 재생되는 현상"이라고 설명한다(2018).

아야야가 말하듯이 "여행에서 새로운 곳을 가는 것처럼 익숙하지 않은 자극에 다수 노출되었을 때"는 "차창 밖의 풍경이 한 장의 사진처럼 불현듯 재현되거나 도시락을 구입한 매점 아주머니의 표정과 거스름돈을 건네주던 손길, 점심을 먹은 가게의 식탁에 놓여 있던 조미료의 배치, 천장에 있던 전등의 모양까지, 시간 축은 흩어지고 영상이 획획 하고 연달아 출현하기도 한다.

또는 "떠들썩한 하루가 끝나고 차분하게 쉬려고 할 때면, 연속해서 빠른 속도로 바뀌는 슬라이드쇼처럼 그날 대화한 사람의 표정이 사진기억으로 차례차례 머릿속에 획획 나타나"기도 하는데, 이때 역시 "시간 축은 흩어지고" 만다.

히가시다는 "과거의 일에 대해서는 어제 일도 일 년 전 일도 내 안에서는 거의 차이가 없다"고 한다(2010). 그는 말한다. "잘은 모르겠지만 다른 사람들의 기억은 아마도 선처럼 이어지는 것 같아요. 하지만 제 기억은 점의 집합체이고 저는 항상 그 점을 주위 모으면서 기억을 더듬고 있습니다."(2007)

윌리도 비슷한 말을 한다. "나의 역사는 점으로 기억된다/ 저장된 이미지 새벽에 발견한 나팔꽃처럼/ 작고 간소하지만 세세하고 사실적이다/ 이 순간의 축적이 나, 과거의 점이 합쳐져 비로소 나/ 나는 시간을 차례차례 재생해본다 모이면 나라는 사람이 되는 시간들을."(2002)

나도 아야야와 히가시다와 윌리 같은 기억 방식을 공유하고 있다. 이 현상을 일본에 알린 스기야마 도시로는 되살아나는 기억의 박진감을 중시해 '타임슬립 현상'이라는 명칭을 쓰고 있다. 그는 이 현상을 체험하는 자폐아동의 임상적 특징을 "본래 뛰어난 기억력과 높은 지적 능력을 갖고 있지만 정서가 불안정한 자폐증의 증례에서 종종 찾아볼 수 있는 현상"이라는 것, "감정적 체험이 방아쇠를 당겨 과거와 같은 체험이 상기된다"는 것, "그 과거의 체험을 마치 현재의, 또는 바로 최근의 체험인 듯 취급한다"는 것, "그 기억 체험은 보통의 아이들이 일반적으로 떠올리기 어려운 연령의 기억까지 포함하고 있으며, 환자가 언어를 사용하기 시작한 전후의 연령까지 거슬러 올라가는 경우가 있다"는 것 등으로 요약하고 있다 (2011).

왜 타임슬립 현상이 일어나는가에 대해서 스기야마는 자의식이 충분히 성립되지 않았기 때문에 '자기 역사성'이 성립되지 않는 상태가 초래되고, 역사성의 흐름이 성립되지 않는 체험적 세계 속에서 "현재의 체험뿐만 아니라 미래나 과거의 사건과도 심리적 거리를 잃고 현재에 침입해 들어오는 형태로 체험되는 듯하다"고 설명한다. 스기야마에 따르면 PTSD는 '반복해서 떠오르다가 서서히 그 고통이 치유되면서 심리적 거리가 유지되는' 데 비해 자폐아동의 경우는 "어느 날 갑자기 머나먼 곳에 있던 기억이 불려오는 일이 많다".

이 현상의 힘듦을, 아야야는 "스스로 통제할 수 없고 스냅숏이 뇌리에 토해지듯이 지나가는 느낌은 매우 좋지 않아서, 구토가 멈추지 않거나 오열이 멈추지 않는 감각과 아주 닮아 있다"고 표현한다. 히가시다는 "우리가 어려움을 겪는 것은 이 흩어지는 기억이 불과 얼마 전에 일어난 일처럼 머릿속에서 재현되는 것입니다. 재현되면 갑자기 폭풍우가 불어 닥치듯이 당시의 느낌이 생각납니다"라고 말한다(2007).

모두 크게 공감한다. 다만 그들이 말하는 플래시백은 반드시 트라우마와 관계있는 것이 아닌 반면 나는 트라우마로 점철되어 있다.

ASD와 관련된 것이 아니라 PTSD의 일반적인 의미에서의 플래시백을, 가미오카 하루에와 오시마 에이코는 『도라에몽』에 등장하는, 원격 공간을 이동하기 위한 도구라는 의미로 '어디로든 문'이라고 부른다(2010). 이 현상이 '어디로든 문'의 공간 이동보다는 시간 이동의 비유가 적절하다고 여겨지는 점, 나는 악몽과 같은 기억이 다수를 점하고 있다는 점에서 플래시백을 '지옥행 타임머신'이라 부른다.

짐작하기로는 ASD의 특성 중 PTSD와 비슷한 증상이 함께 있기 때문에 몇십 년 동안 매일같이 걸핏하면 지옥행 타임머신에 태워진 것 같다. PTSD와 비슷한 증상이라고 쓴 것은 정말 PTSD라 불러도 되는지 판단할 수 없기 때문이다. 발달장애에, 주디스 허먼이 말하는 복합 PTSD, 또는 베셀 반 데어 콜크가 말하는 트라우마성 발달장애가 교차되어 있을지 모른다(杉山, 2019).

DSM-5에는 "실제적이거나 위협적인 죽음, 심각한 부상, 또는 성폭력에의 노출"을 "직접 경험했거나" "다른 사람들에게 일어난 것을 생생하게 목격했거나" "가족, 가까운 친척, 또는 친한 친구에게 일어난 것을 알게 되었거나", 또는 "외상성 사건(들)의 혐오스러운 세부 사항에 대한 반복적이거나 지나친 노출을 경험했거나" 하는 것이 PTSD의 진단 기준으로 제시되어 있다. 내 경험은 이러한 진단 기준에 비하면 '미적지근'할지도 모른다. 다음 장에서는 그 경험에 대해 써보겠다.

⁶⁸ 소년기의 종교 체험
—

어린 시절 아버지는 집으로 돌아오지 않았고 나는 사춘기까지 아버지를 만난 적이 거의 없었다. 어머니는 마음의 구멍을 메워준다는 사이비 종교에 농락당했다. 이곳은 개신교를 독자적으로 변형시킨 신흥 종교였다.

이 종교 단체는 1964년 이후 아이들을 육체적 폭력으로 세뇌하는 잔인한 방식으로 전도를 시작했다. 그들은 개발했다. "나쁜 짓을 하는 어린이의 마음속에는 사탄이 살고 있습니다. 아이들 마음속에서 사탄을 몰아내려면 회초리를 들어 사탄을 쫓으십시오. 이는 여호와 주님의 뜻입니다."(大下, 2005) 그들은 독려했다. "아이들이 나쁜 짓을 했을 때는 성경 말씀을 따라 아이가 납득할 때까지 시간을 들여 잘 달래고, 자신의 죄를 인정하면 의자에 무릎을 꿇리고 스스로 바지를 벗게 한 다음, 부모는 가죽 벨트로 엉덩이를 있는 힘껏 스무 번 때리십시오. 이때 회초리라 함은 여성용 벨트를 말합니다."

나는 위와 같은 가르침이 공언된 지 이미 20년이 지난 1980년 대에 소년 시절을 보냈고, 어머니는 나를 이 종교에 억지로 세뇌시켰다. 오시타 유지는 이렇게 설명한다.

"1980년대가 되면 체벌 규율도 바뀌는데, 내가 살았던 1970년 대의 스무 대 제한 규칙은 언제부턴가 사라져 한 번에 백 대 이상 때릴 수 있게 되었고, 성경에서 아이에게 납득시켜야 한다고 가르치는 부분도 흐지부지되어 설교 후 일방적으로 매를 맞았으며, 본래 매의 종류도 대나무 자, 발로 밟아 쓰는 재봉틀의 가죽 벨트, 여성용 벨트, 남성용 얇은 벨트에 한해 사용이 가능했으나 수도 호스, 가스 호스, 이불 털이, 나무 옷걸이, 떡갈나무 봉, 아크릴 봉, 스테인리스 구둣주걱, 전기 코드, 자동차 견인용 와이어, 철제 체인 등 있는 물건 없는 물건 모두 회초리로 사용할 수 있게 되었습니다. 이후 발가벗기고 머리부터 물을 부어서 한데 오래 세워놓아도 된다는 규율로 바뀝니다."(2005)

1993년에는 어린아이가 체벌 중에 친부모에게 살해당한 사례가 발각되어 언론에 보도된 일이 있다.

절망

———

나는 오랫동안 내가 발달장애인이라는 사실을 알지 못했다. 내 분야에서는 사십대에도 취직하지 못하는 사람들이 있었지만 나는 교토대 대학원 박사과정을 밟으면서 일본학술진흥회의 특별연구원으로 채용돼 급여를 받는 가운데 이십대에 취직할 수 있었다. 실제로는 기능 불균형이 심각해 초등학교부터 고등학교까지 성적표에는 1부터 5까지의 숫자가 골고루 찍혀 있었음에도, 잘하는 과목은 학년에서 1등도 했기 때문에 '괴짜' 이미지 정도로 수습될 수 있었다.

일본에서 자폐인의 자서전이 출간되기 시작한 것은 내가 십대였던 1990년대 초반이고, 발달장애인지원법각 지자체에 발달장애의 조기 발견이 가능한 시스템을 구축하도록 한 법률이 시행된 것은 내가 대학원생이었던 2005년이었다. 그러나 그러한 움직임은 문학과 예술, 인문학 공부에 심취해 있던 내 주변을 덧없는 미풍처럼 통과해버렸다.

교토대 대학원은 과장을 섞어 말하자면 괴짜들의 소굴이다. 실제로는 나보다 심한 괴짜가 주변에 흔하진 않더라도 나 같은 사람이 많은 곳이라고 생각했기에 스스로를 의심하지 않았다. 당시 '아스퍼거Asperger's syndrome'아스퍼거증후군. 자폐성 장애 중 하나로 DSM-5 이후 진단명이 ASD로 통합되었다라는 단어가 유행처럼 번져 혐오 표현으로 쓰이던 '아스퍼'가 '분위기 파악 못 하고 눈치 없는 사람'을 의미한다는 것은 알고 있었지만, "교토대학은 아스퍼가 기본이니까"라는 다른 사람들의 말을 그대로 받아들여 아스퍼거증후군이 구체적으로 무엇인지 찾아보지 않았기에 나는 내가 '장애인'이라는 사실도 알지 못했다.

내 강박행동과 과잉행동은 곧잘 이목을 끌었다. 성인이 된 후로도 몸 전체를 달달 떠는 바람에 "다리 떨면 복 나간다던데 내가 본 사람 중 네가 제일 박복한 것 같다"는 말을 듣고 놀라기도 했고, 몸을 충동적으로 마구 움직여대다가 "와, 진짜 돼지 같네"라며 한소리 듣기도 했다.

어릴 때는 정도가 훨씬 더 심해서 늘 퍼덕거리고 있었던 데다 얼빠진 듯 덜렁거렸다. 내가 하고 싶은 말만 하고, 친구들이 싫어하는 말을 했다. 얼굴을 실룩거리는 틱이 있었고 부적절한 장소를 돌아다니며 뭔가를 먹거나 사람들 앞에서 코를 후비는 짓을 멈추지 못했다.

아마도 어머니는 나를 교정하려고 종교에 빠지기도 했을 것이다. 모임에 가면 가만히 앉아 성경을 읽었다. 당신 뜻을 거스르면 어머니는 짐승처럼 광분했다. 몇 시간이고 무릎을 꿇려놓고 교단의 교리를 배신한 데 대한 자기비판을 억지로 시키며 고무 호스로 처형을 집행한 다음 어머니는 나를 안아주었다.

내게 심각한 심리적 상처를 남긴 것은 폭력보다는 포용이었다. 교단은 부모들에게 "다 때린 다음에는 반드시 아이를 있는 힘껏 안아주십시오"라고 가르쳤다. 오시타는 지적한다. "폭력을 휘두른 다음 애정을 표현하는 것은 가정폭력을 저지른 남편이 아내를 때린 다음 애정을 표현하는 것과 똑같은 방식입니다." "따라서 아이는 심각한 의존증을 갖게 되고 부모와 교단으로부터 도망칠 수 없게 됩니다."(2005)

내 경험과 성장과정을 돌아봤을 때 이 지적은 매우 타당하다고 여겨진다. 어머니에게 안길 때마다 느낀 감각을 나는 오랜 시간 동안 언어화하지 못했다. 나는 문학과 예술을 사랑했고 의료·복지 용어는 머나먼 세계에 속한 언어였기 때문이다. 그러나 지금의 나는 그 감각을 적절하게 표현할 수 있다. "해리"다. 나는 안길 때마다 내가 사라져 없어지기를 바랐다. 집을 나가 돌아오지 않는 아버지도, 미친 듯이 날뛰는 어머니도 죽을 때까지 용서하지 않겠다고 다짐했다. 안타깝게도 그 감정은 아직까지도 처리되지 못하고 있다.

교단의 한 어린 소년과 친하게 지내던 무렵, 나는 부주의한 탓에 그 아이의 형의 존재를 무시해버렸다. 귀가 후 목청껏 소리치며 날뛰던 어머니는 겨울밤에도 아랑곳없이 나를 베란다로 쫓아내더니 몇 시간이나 들여보내주지 않았고, 나는 내가 저지른 일의 악의 없음과 사태의 심각성 사이에 놓인 간극에 당황하며 절망적인 감정 속에서 어머니를 저주했다. 그때 나는 내 인생에서 최대의 해리를 경험했다.

남동생이 화장실에 갇혀 울부짖은 적이 있다. 너무 심하게 우는 것을 이상하게 여긴 어머니가 화장실 문을 열어보니 동생의 손가락이 문틈에 끼어서 손톱 몇 개가 찢어져 피가 흐르고 있었다. 그때도 나는 강렬하게 해리했다.

고무호스로 엉덩이를 기절할 만큼 맞고 어머니에게 안겼으며, 추운 날 바깥에서 덜덜 떨었고, 남동생의 손톱에서 피가 뿜어져 나왔다. 모임이나 집에서의 '성경 연구' 시간에는 강박과 과잉행동을 억누르며 숨이 쉬어지지 않아도 계속 참았다. 잔혹한 나날이 몇 년이나 이어졌다. 그 시간은 영원처럼 느껴졌다. 초등학생인 나는 매일 밤 눈을 감고 '언젠가는 끝난다. 언젠가는 끝난다'라며 스스로에게 주문을 걸듯이 중얼거리면서 잠들었다. 암흑의 날들이 끝난 뒤에도 과거의 몇몇 장면은 뇌리에 수만 번씩 되살아나 내 심장을 끝없이 부수어놓았다.

내 플래시백은 SSRI(선택적 세로토닌 재흡수 억제제 중 하나인 설트랄린)를 복용하고 많이 완화되었다. 하지만 나는 지금도 매일 몇 번씩 지옥행 타임머신에 태워진다. 사소하게 우울한 사건, 어린 시절의 기억을 소환하는 일은 트리거가 된다.

종교 단체의 교리와 종교의 이름으로 행해진 폭력의 기억이 내 머릿속을 스친다. 세뇌를 없애기 위해 배운 모든 전통 종교의 가르침, 삶의 크고 작고 다양하고 힘겨운 경험, 이른 나이에 죽어간 가까운 사람들에 대한 기억이 섞인다. 내 내부에서 낙담, 증오, 치욕, 고뇌, 혼란이 치솟아 전신을 뒤흔든다. 악몽이 범람하는 강을 헤엄쳐 건너는 모습, 이것이 내가 기본적으로 삶에 대해 품고 있는 이미지다.

70 어덜트 칠드런

―

어덜트 칠드런(AC로 약칭)이라는 단어는 여전히 오해받기 쉽다. 어감에서 '미처 어른이 되지 못한 미숙한 사람'이라는 의미가 연상되기 때문이다. 어덜트 칠드런의 어원은 'Adult Children of disfunctional families', 즉 '기능부전 가정에서 어린 시절을 보내고 성장한 사람'이다. 그런 이유로 나는 한 사람의 어덜트 차일드(어덜트 칠드런의 단수형)인 셈이다.

어덜트 칠드런을 대상으로 한 세계 최대의 자조모임인 ACA (Adult Children Anonymous)는 우리의 전형적인 문제를 "버림받을까봐 두려워서, 버림받는 고통스러운 감정을 경험하지 않기 위해 사람과의 관계를 끊지 않기 위해서라면 무슨 일이든 할 수 있을 정도"라고 지적한다(2015). 기능부전 가정에서 성장했기에 자존감이 충분히 자라지 못해 그처럼 버림받는 데 대한 불안을 안고 있다.

나는 불안이 아주 강하다. 그 불안 때문에 투명화도 일어나기 쉽지 않나 싶다. 마음의 문제가 신체 감각을 무르게 만드는 것이다.

12. 의존증

⋮

—

ADHD인은 쾌락의 유혹을 받기 쉬운 경향이 있다는 말이 곧잘 화제에 오른다. 미국의 한 조사에 따르면 ADHD인의 15.2퍼센트가 알코올 의존을 포함한 물질사용장애를 겪고 있다(巖波, 2015). 다른 조사에서는 ADHD인의 50퍼센트 이상이 알코올 의존과 약물 의존 문제를 겪고 있는데, 이 수치는 일반 집단의 두 배라고 한다.

기벽(중독)에 탐닉하기 쉬운 ADHD의 경향은 신체 및 두뇌의 과잉에 의한 스트레스가 일반적인 경우보다 크다는 점과 관련 있지 않을까. 사회는 우리와 같은 소수의 취약성을 본격적으로 고려해

184 우리는 물속에 산다

설계되어 있지 않기 때문에 사회의 다양한 장면이 우리에게는 장애가 된다. 사생활에서도, 사회생활에서도 정형발달인보다 더 쉽게 스트레스가 쌓인다. 그리고 스트레스를 줄이기 위해 의존증이 생겨난다.

실제로 현재 발달장애인의 의존증에 대한 경향성은 당사자의 자기치료 가설, 즉 스스로를 치유하기 위해 잘못된 방법을 선택했다는 개념 아래 이해되고 있다(依存症対策全國センター, 2020).

72 과식

—

나는 과식을 자주 한다. 그저 먹보라서 그렇기도 하지만 이상한 추체험에 집착하는 ASD적인 강박이라고 볼 수도 있다. 또한 스트레스를 낮추기 위한 의존증이라고 여기면 이유는 더 설득력 높아진다. 나는 자주 상상한다. 음식물은 체내에서 소화되어 영양분과 배설물이 되지만, 좋아하는 음식물을 섭취하면 몸을 '정화'할 수 있다고. 마음을 통해 주변의 진흙을 전신으로 흡수해버리면 불결하게 오염된 내 상태에서 벗어날 수 있다고.

윌리엄스도 어린 시절에 대해 이렇게 쓰고 있다.

"나는 색유리도 정말 좋아했다. 투명하게 빛나는 젤리는 색유리와 아주 닮아 있다. 그래서 나는 젤리가 좋았다. 다른 아이들과 마찬가지로 나도 모래와 꽃과 풀과 플라스틱 조각 같은 걸 입에 넣곤 했다. 그 아이들과 내가 다른 점은 열세 살이 되어서도 여전히 꽃과 풀과 나무껍질과 플라스틱을 입에 넣었다는 것이다. 이 역시 꿈속의 반짝임에 들어가려 했던 것과 마찬가지다. 나는 무언가를 좋아하면 마음이 빨려 들어가듯 매료되고 그러면 내 일부처럼 느껴지는 것이 기뻐서 견딜 수가 없다."(1993)

윌리엄스의 이 체험과 심정은 내 경험과도 같다.

과식은 내게 경도 비만을 가져다주었고 쉽게 피로해지는 체질을 강화했다. 나는 파블로 네루다의 시 「스푼에 대한 송가」(1973)를 읽었을 때 암담한 마음으로 반성했다.

스푼

인간의 손이 만든

최고最古의

분지 언제든

금속과 나무로 만든

네 모습 안에

원시적인 손바닥

모양이 보인다

그곳에선

물이

상쾌함을

야생의 피가

불과 사냥의

맥박을

옮기고 있다

식사는 내게 물과 야생의 피를 가져다주는데, 이때 물은 식물이고 피는 동물이다. 자폐 및 과잉행동의 '살아 있는 스푼'으로서 나 자신에게 동물과 식물을 과하게 투입했다고 생각했다. 자폐인다운 과잉상상일지 모르지만 이 시를 읽을 때마다 나는 과식의 시처럼 느껴진다.

73 알코올 의존

—

나는 젊은 시절부터 매일 음주를 해왔다. 연령이 올라가면서 매일 밤 만취할 때까지 마시는 습관을 들이고 말았다. 음주는 키메라 현상과 지옥행 타임머신을 완화시키는 데 매우 효과적이었다.

하지만 나는 트라우마가 중독을 자극하고 중독이 트라우마를 자극하는 "하강 스파이럴"(ナジャヴィッツ, 2020) 속에 있었다. 그도 그럴 것이, 술을 마시면 일시적으로는 키메라 현상이나 지옥행 타임머신은 완화되지만 마시는 양이 비정상적으로 많아 수면장애를 일으키기 때문이다. 그렇게 정신적인 안정은 무너지고 과거보다 심한 키메라 현상과 지옥행 타임머신에 휩싸인다. 그리고 그것을 제어하기 위해서 또다시 술을 마시는 악순환이 일어난다.

나는 복지 전문가로부터 알코올 의존 치료를 받길 권한다는 조언을 들었다. 심각한 알코올 의존에 빠지기 전에 이른 단계에서 나를 다시 일으켜 세울 수 있었던 것은 행운이었다. 그러나 시행착오를 거쳐야 했다. 의존증에는 여전히 근본적인 치료 약이 없고, 문제가 있으면 주치의에게 효과 있는 약을 처방받거나 상담과 함께 자조모임을 병행하는 것이 중요하기 때문이다. 나는 그때 자조모임을 처음 경험해봤다.

내가 참가한 자조모임은 익명의 알코올중독자 모임인 AA(Alco-holic Anonymous)였다. 단주 모임이라는 선택지도 있었지만 그 모임의 체육 동아리 같은 분위기는 내 기질과 전혀 맞지 않았다. AA에도 어려운 점은 있었다. AA에서는 '신'이나 '상위 존재'라 불리는 것에 대한 믿음이 핵심이다. 접해보지 않는다면 수상하게 보일 텐데, '자신이 나름대로 이해한 존재로서의 신에게 바라는 대로 나를 써주십사, 자기 자신을 겸허하게 바치는' 상태에 머무르는 것이 중요하다(AA, 2001). AA의 이 같은 종교적인 분위기가 싫어서 모임에 발길을 끊는 사람도 있다.

어떤 시스템이기에 그럴까? 구마가야는 "의존증의 한가운데 있는 사람은 반反중동태적인 방식으로 살고 있는 것 같다. 의존증 상태에서 중동태적 세계로 이행하는 것이 의존증에서 회복된다는 의미는 아닐까"라고 말하는데(熊谷·國分, 2020), 내 생각은 다소 다르다.

주체가 물질과 행동에 잡아먹히고 마는 의존증이란, 주체가 의존 과정의 내부를 살아가는 자체로 이미 중동태의 병리라고 생각한다. 따라서 무위로서 그 상태에서 능동적으로 벗어나고자 한다는 점에서는 구마가야의 견해에 찬성한다. 의존증 환자는 무엇이 됐든 초월적인 존재자를 상정하고 다시 설득되면 낫는다. 주체가 신앙 과정의 내부를 살아가고자 의존 대상을 중독에서 신 또는 상위 존재로 옮김으로써, 즉 한 중동태에서 다른 중동태로 갈아탐으로써 의존증을 탈출할 수 있다.

앞서 언급했듯이 중동태 체험은 폭발적인 능동성을 환기한다. 그래서 중동태 상태에 있는 의존증 환자는 능동적으로 알코올을 섭취하고 그로부터 능동적으로 탈출하고자 애쓴다. 그들이 중독 의존을 초월적 존재자에 대한 믿음에 바칠 수 있다면 능동적인 신앙심을 폭발시켜 의존증을 극복하는 방향으로 나아간다.

AA를 통한 회복과 그 외의 회복 방법을 비교하면 후자의 성공률이 15~25퍼센트인 데 비해 전자는 22~37퍼센트라는 보고가 있다(Frakt, 2020). 운영을 위해 지출 가능한 만큼 소액의 헌금을 하고, 필요하다고 판단될 때 관련 서적을 구입하는 것 외에는 비용이 들지 않기 때문에 이 수치는 대단하다고 할 수 있다.

AA에서 '신'은 '기호의 관점에서 자신에게 의미 있는 것이라면 무엇을 선택해도 되기' 때문에 불가지론자나 무신론자라 해도 유효하다는 설명이다(AA, 2001). 따라서 부처를 믿어도 되고 우주의 영원을 믿어도 된다. 하지만 용어나 분위기 등은 기독교를 기초로 하고 있기에 개신교를 기초로 한 신흥 종교 교단에 속해 있던 내게 AA 모임은 어린 시절의 종교 체험과 관련한 플래시백을 일으키는 트리거투성이였다.

결국 나는 AA의 가치를 인정하면서도 모임에 가지 않기로 했다. AA 대신 나를 치유한 것은 당사자 연구였다. AA는 당사자 연구의 사상적 원류이지만(向谷地, 2020), 종교적인 요소는 채택하고 있지 않다.

—

부적절한 상황에서도 코를 후비는 것은 나의 오랜 강박행동이었다. 어쩌면 틱과 비슷한 것일 수도 있겠다. 지금도 스트레스가 많이 쌓이면 콧구멍을 쑤시고 만다. 그러나 강박행동인지, 일종의 자해 행위인지 구별하기는 어렵다. 코피가 날 때까지 코를 심하게 파기 때문이다.

내 콧속 점막은 약해서(원래 그런지 코를 파는 습관 때문인지는 모르겠지만) 쉽게 코피가 뿜어져 나온다. 게다가 안타깝게도 나는 뇌동맥류 수술을 받은 경험이 있어 아스피린(항혈전제, '피를 맑게 해주는 약' 등으로 불림)을 복용하고 있는 터라 코피가 좀처럼 멈추지 않는다. 심할 때는 한 시간 넘게 출혈이 이어져 크게 후회한다. 그런데도 스트레스가 쌓이면 나도 모르게 코를 쑤시지 않을 수가 없다. 피가 날 때마다 의식의 각성도가 높아지고 '수중세계'의 농도는 떨어진다.

발달 일원의 동료들 중에는 스트레스가 많은 생활이 이어지거나 갑자기 주어지는 큰 스트레스로 압박받은 결과 자해를 하는 이가 많이 있다. 머리를 계속해서 벽에 찧거나 세제 용액을 단숨에 들이키고 병원에 실려가거나, 평소에는 기르고 있던 겨드랑이 털이나 음모를 정성껏 제모하는 등의 행동을 하는 이들도 있다. 동물원에 있는 동물도 스트레스가 크면 자해하거나 식분증을 보인다던데, 우리도 그와 같이 자신의 동물성을 드러낸다.

자해행위는 현재 중독의 일종, 자기치료를 위한 시도로 이해된다(ターナー, 2009). 자해로 각성도를 높이고 불안감을 불식시킬 수 있기 때문이다. 물론 잘못된 방식으로 이뤄지는 자기치료이긴 하지만.

13. 트라우마 케어

⋮

⁷⁵ 강박행동이 치유한다

—

　지옥행 타임머신이 가동되면 어떻게 하차해야 할까. 나는 나 자신을 피험자로 삼아 그 방법을 오래도록 고민해왔다.

　자폐인에게 가장 기본적인 방법은 강박행동에 몸을 맡기는 것이다. 내게 안전하고 간편한 방법은 누워서 전신을 덜덜 떠는 것이다. 그러고 있으면 지옥행 타임머신의 엔진이 정지되기도 한다.

　그렇게 생각하면 강박행동은 애초에 플래시백을 멈추기 위한 것이라는 내적 정합성 하나를 갖추고 있는지도 모른다.

76 나만의 규칙에 의지하다

—

자폐인은 규칙성을 애호한다. 히가시다는 전차 시각표와 달력 암기를 즐긴다고 설명하며 "시각표와 달력은 누가 봐도 똑같고 정해진 규칙 속에 나타나 있어 알기 쉽기 때문입니다"라고 설명한다 (2007). 니키는, 자폐인에게는 "세간의 일반인에게는 통하지 않는 나만의 규칙"이 있다고 말한다. 예를 들어 "선물이란 핑크색 리본이 붙어 있는 것이라고 믿는다면 우리는 그것을 반드시 지킨다."(2005)

이러한 '나만의 규칙'은 트라우마 치유로 기능한다. 푸른색 계통을 좋아하는 나는 소지품을 일정 이상 비율로 푸른색 계열로 맞춘다. 무언가를 쓸 때도 하늘색 혹은 군청색 펜을 쓰거나 화면상에서 여러 푸른색을 구분해 사용하다가 마지막에는 검정으로 통일하기도 한다. 그렇게 함으로써 내가 느끼는 안정도는 향상된다. 지옥행 타임머신이 멈춰준다.

77 빛과 소리가 구원하다

—

형광색을 쬐는 것은 트라우마 치유 효과가 있다. 역설적으로 들리겠지만 자폐인은 형광색에 쬐면 효과를 느끼는 경향이 있다. 아

마 감각과민 때문에 눈부신 빛에 쉽게 피로해지고 그래서 졸음의 유혹을 자주 받을 것이다.

잭슨은 쓴다. "어릴 때부터 빛나는 물건을 좋아해서 내 방에 다양한 조명 기구를 많이 가져다놨지. 라바램프라고, 안에 여러 색으로 된 투명한 액체가 담겨 있고, 비중 차이 때문에 어른어른 움직이는 것 있잖아. 디스코 조명으로 쓰는 돌아가는 라이트도 있지, UFO처럼 생긴 거 있지, 게다가 매직 머시룸(아, 마약과 관련된 것 아닌가 걱정하는 사람들이 있을까봐 설명해두는데, 이건 환각버섯이 아니야. 표면에 작은 조명이 많이 붙어 있는 동그란 버섯 모양의 전기 스탠드야)도 있지. 이런 종류의 불빛에 최면 효과 비슷한 게 있어서 아무튼 차분해진단 말이지."(2005)

나도 형광색에는 금세 취해버린다. 다음 사진은 도취되면서 촬영했고 도취를 반추하면서 가공한 오사카 신세카이 쓰텐카쿠다. 몽롱한 감각이 트라우마를 다정하게 치유하는 느낌이다.

그러나 대낮부터 졸리면 오히려 스트레스를 받기도 한다. 윌리엄스는 대학생활의 시작을 다음과 같이 묘사한다. "강의실에 들어서자 나는 간이 떨어지게 놀랐다. 엄청난 방, 거대한 벽, 많은 사람, 눈부신 형광등. 나는 강의실에 갈 때마다 형광등을 끄고 다녔다. 형광등이 켜져 있으면 왠지 모르게 잠이 오기 때문이다. 형광등에 치유 효과를 바라는 것은 되도록 밤이 좋을 것이다.

다정한 소리도 트라우마 치유가 된다. 아야야는 이시카와 겐지의 달빛 사진전을 찾았을 때 "사진 안으로 녹아들어가는" 감각을 느꼈다고 한다. "어슴푸레한 푸른빛. 벌레 소리. 숲속에 사는 야생 동물이 된 것 같은 기분이 든다. 머나먼 곳에서 다른 동물이 걸어가다가 바스락바스락 잎사귀를 스치고 마른 나뭇가지가 뚝 부러지는 소리도 들려올 것만 같다. 전신이 귀. 모든 기운이 귀로 감지된다."(2008) 고요한 가운데 어렴풋한 소리가 들려오는 공간이 기분을 매우 좋게 만든다.

모순되는 듯하지만 나는 폭음에 의해서도 치유된다. 아주 시끄러운 음악을 좋아하는 정형발달인은 드물지 않지만 청각과민이 있는 자폐인은 이런 데 익숙해지기 어렵다. 폭음으로 음악을 들으면 내 감각을 포화시킴으로써 지옥행 타임머신을 멈출 수 있기 때문이다.

나는 자주 이어폰으로 음량을 크게 올리고 음악을 듣는다. 어릴 때부터 현재까지 애니메이션이나 특촬 방송의 주제가 등(이른바 애니송)을 자주 들어왔다. 이들 방송을 보는 것을 아주 좋아한다고 할 순 없지만 관련된 곡들은 귀에 무척 익었다. 사춘기 때는 내 윗세대인 쇼와 시대의 가요를 좋아했고, 이십대 때는 사이키델릭, 록, 애시드 포크, 미니멀 뮤직, 민속음악 등의 열성적인 수집가였다. 삼십대의 한 시절, 해외 여행지에서 나이트클럽에 간 적이 있는데 그때 EDM 중 특별히 하우스 계열을 좋아하기도 했다.

나는 왜 이런 음악을 좋아해온 걸까.

먼저 이들 음악 장르에서 내가 좋아하는 곡을 떠올려보면 강박적일 만큼 반복성이 눈에 띈다. 내가 강박행동을 편안하게 느껴서일 것이다. 이 곡들을 듣고 있으면 강박행동을 승화시킬 수 있다. 또 나는 조바꿈이 있는 곡을 좋아한다. 이건 내 정신 및 신체의 불안정함과 겹치기 때문일 것이다. 친근감을 느끼는 것이다. 내 마음에 드는 음악은 어딘가 모르게 그로테스크하지만 매우 아름다운 인상을 주는 것밖에 없다. 이 곡들은 세련된 트라우마라고 말해도 좋은데, 내 트라우마를 흡수해준다.

나도 음악을 작곡하거나 연주할 수 있으면 좋겠다 싶지만 발달성 협응운동장애 탓인지, 혹은 그것과 무관할 수도 있지만, 음과 관련해서도 내 균형감각은 약하다. 악기는 캐스터넷츠나 트라이앵글 정도밖에 연주할 줄 모르고 노래도 가끔 음치라고 놀림받는다.

브라운스가 목제 리코더로 텔레만의 듀엣을 연주하고 도취됐을 때의 묘사는 너무나 부럽다. "갑자기 무언가가 열렸다. 소리가 평소보다 아주 크게 전달되었다. 소리는 소리의 단단함을 잃고 구름 크림처럼 폭신폭신해졌다."(2005) 이런 체험을 나도 해보고 싶다.

음악에 관해 제대로 된 지식이 없어도 내 취미의 중심에 있는 것은 음악이라고 느낀다. 문학작품을 읽는 와중에도 '이건 음악이구나'라고 실감되지 않으면 좀처럼 좋아할 수가 없다. 정확히 말하자면 비음악적이라 느끼는 문학작품에 관심이 생기지 않는다고 할까. 그 이유는 간단하다. 음악적이라 느끼는 문장으로도 나는 치유되기 때문이다.

그런 의미에서 십대 후반의 나에게 토마스 만의 『마의 산』은 특별한 작품이었다. 만은 이 작품을 리하르트 바그너의 음악극과 비슷하게 쓰고자 의식하며 집필했다. 삼십대에는 무라카미 하루키의 장편소설이 내 안에서 그와 같은 위상을 차지했다. 무라카미는 소설을 쓰는 방식을 기성 문학이 아니라 음악에서 배웠다고 말한다(小澤·村上, 2011).

나는 바그너의 음악에 거의 흥미가 없을뿐더러 무라카미가 좋아하는 음악(미국 재즈, 영미 록과 팝, 유럽의 클래식) 중에서도 선호하지 않는 곡들이 있다. 그러나 그들이 쓰는 소설에서는 음악적인 인상이 리듬을 만들고 비슷한 언어가 반복되거나 강박적으로 전개되거나 한다. 그런 것들이 내 트라우마를 데려가준다.

—

내 삶은 항상 무언가에 빠져 수집하고 정리하는 것으로 채색되어왔다. 소비한 돈, 시간, 공력이 전혀 아깝지 않다고 하면 거짓말일 것이다. 내 동료들도 늘 자신의 수집벽에 대해 말하기 때문에 수집은 ASD의 시스템화 성향과 연동되어 있는 것으로 여겨진다. 우리는 수집활동을 통해 안전한 방법으로 '나만의 규칙'을 만족시키고 있다.

ASD 진단 기준에서는 장난감을 한 줄로 세우는 것을 예로 들고 있다. 자폐아동은 종종 오브제를 평면에 규칙적으로 가득 채워 만다라와 같은 모양을 만들어낸다(村上, 2008).

나도 한때 수집물을 내 나름의 규칙에 따라 줄 세워 촬영하는 놀이에 빠진 적이 있다(사진 참조). 앞서 언급한 자폐아동의 시스템화와 나만의 규칙 세우기의 명료한 예시라고 해도 좋을 것이다. 참고로 내가 이처럼 물건을 늘어놓는 놀이에 빠진 것은 ASD/ADHD로 진단받기 전, 내가 당사자라고는 생각지 못했던 시절의 일이다.

지식 수집에도 물건 수집과 마찬가지의 쾌감이 있다. 내가 십대였을 때는 인터넷 여명기라 불리는 시대여서 지금처럼 정보화가 이뤄지지 않았기 때문에 자극적인 수집물을 쌓아두는 것이 매력적으로 느껴졌고, 그래서 '잡학의 왕'이 되는 것을 목표로 삼아 살

고 있었다. 일본에 위키피디아가 진출했을 때 나는 신규 항목을 직접 꽤 많이 기재하며 '정보의 민주화에 공헌하고 있다'고 생각했다.

위키피디아가 완전히 일반적인 웹사이트가 된 삼십대에는 내 잡학이 그 자체로는 가치를 잃어버렸다고 느꼈고 어학 능력을 길러 해외 경험을 쌓음으로써 다시 한번 자아를 형성해보자고 생각했다. 그러나 인터넷상의 기계번역의 정밀도가 비약적으로 향상되는 것을 목격하면서, 또 해외에 나가보고 내가 얻은 것의 대부분이 특별히 드문 경험은 아니라는 실감이 들면서 어학 능력과 해외 경험을 지나치게 높이 평가하는 경향에서 해방되었다.

나와 동료들은 많은 경우 극히 좁은 영역에 열중한다. 브라운스는 학창 시절에 역사와 지리에 열중한 경험을 회상한다(2005). 시몬은 여성 자폐인이 예컨대 1940년에서 1945년 사이에 만들어진 모든 종류의 비행기 엔진, 석회동굴의 구조, 야구 선수의 타율, 도로를 달리는 자동차 이름 등에 열중하는 경우에 대해 말한다(2011). 지식 수집벽은 남성과 여성 자폐인 사이에 큰 차이가 없는 듯하다.

자신이 좋아하는, 사소하다고 할 수 있는 물건을 마구 사들이는 수집벽이 있는 이들도 드물지 않다. 홀은 말한다. "원주율에 아주 관심이 많다. 누구도 정확한 수치를 발견한 적이 없기 때문에. 나는 원주율에 관한 책이라면 뭐든 읽었다. 원주율은 영원히 이어진다고 한다. 무한대의 사례 중 하나다. 수많은 사람이 원주율을 몇 천 년 동안이나 연구해왔고 현재 510억 자리까지 밝혀져 있다. 원주율의 소수점 백만 자리의 숫자는 1이다. 당신은 몰랐지!"(2001)

특히 프리스가 소개한 어느 자폐인의 회상은 내 취미의 변천을 떠올리게 한다. "열한 살부터 열여덟 살 때까지는 수학에 엄청나게 관심 있었어요. 네 살 반부터 열세 살 즈음까지는 루퍼트베어에 관심이 많았고요. 일곱 살 무렵부터 열세 살 때까지는 천문학에 크게 흥미를 느꼈습니다. 그 몇 년간은 외국어를 배우는 데 관심이 많았고요."(2012)

루퍼트베어는 영국의 『데일리 익스프레스』지에 연재되던 만화의 주인공인 백곰이다. 나도 그와 마찬가지로 일본 특촬물의 영웅들, 곤충, 일본 애니메이션, 별자리, 일본사, 세계사, 소녀만화, 괴기만화, 메이지·다이쇼·쇼와 시대의 레트로한 도구와 상품, 전방위적인 팝 음악 레코드판, 인체 모형과 동물 박제, 과거 서민들의 정서가 느껴지는 낙서, 일본어, 영어, 독일어, 프랑스어, 스페인어, 이탈리아어, 포르투갈어, 아이슬란드어, 라틴어, 고전 그리스어, 러시아어, 중국어, 한국어 등에 열정을 쏟았다.

외국어 학습에 관해서는 잭슨이 다음과 같이 말하고 있다. "AS(아스퍼거증후군) 아이들 중에는 제일 좋아하는 과목이 라틴어나 독일어라고 말하는 애들이 많죠. 가장 많은 게 정보(컴퓨터) 시

간. 그건 바로 AS의 뇌에 특화된 과목이 있다는 뜻일지도 몰라요."(2005)

라틴어에 대한 열의는 도중에 식어버렸고 결코 컴퓨터를 잘한다고는 말할 수 없지만, 독일어 교원이라는 점에서는 전형적인 자폐인이 아닌가 싶다. 라틴어나 독일어는 문법의 규칙성이 높다고 정평이 나 있다.

⁷⁹ 심리적 외상 후 성장

—

나는 심리적 외상 후 성장PTG이라는 개념을 믿는다. 트라우마가 오히려 그 사람을 인간적으로 성장시키는 동인이 된다는 개념이다.

심리적 외상 후 성장을 객관적으로 측정하는 것은 쉽지 않아서 척도의 존재는 있지만(Park, 2014) 당사자의 발언과 태도에 의거하는 까닭에 실제로 성장 중이라고 말할 수 있을지 검증하기는 어렵다. 이 개념을 제창한 리처드 테데스키와 로렌스 캘훈은 미국의 심리적 외상 후 성장 보고에는 자아 고양감에 대한 편견이 포함되어 있다는 사실, 즉 "심리적 외상 경험의 부정적 측면을 부인하는 경향이 있는 피조사자는 반드시 어느 정도는 존재한다"는 것을 인정한다(Calhoon, 2014).

일본에서는 반대로 '비 온 뒤에 땅이 굳는다'라는, 심리적 외상 후 성장을 표현한 듯한 속담이 잘 알려져 있는 한편, '숨기면 꽃이 된다'처럼 성장을 말할 기회는 소외당하고 자기비하가 장려되는 듯 한 문화적 배경도 있다(宅, 2012).

그러나 자아 고양감이 있다고 해도, 평소 '숨기면 꽃이 된다'고 생각하며 말없이 있다 해도, '비 온 뒤 땅이 굳는다'는 말을 믿는 힘이 우리를 강력하게 지지해주는 실질적 효과를 가벼이 볼 필요 는 없다.

나는 심리적 외상 후 성장을 이뤄냈다고 믿기로 한 이후 지옥행 타임머신에 의해 고통받는 횟수를 줄일 수 있었다. 심리적 외상 후 스트레스 장애와 심리적 외상 후 성장은 외상 경험 이후 이율 배 반하는 심리적 과정이 아니며 양쪽이 동시에 발생하는 일도 드물 지 않다(宅, 2016).

악몽에 쓰러지지 않기 위해서 앞으로도 심리적 외상이 나를 끌 어올려주었다고 믿을 것이다.

80 **세련된 트라우마의 치유력**

—

지옥행 타임머신은 나와 관련이 없는, 또한 너무 음산하지 않은, 종종 유머나 질 좋은 분위기가 느껴지는 트라우마적 표현을 접했을 때는 유독 거의 발동하지 않는다. 그래서 나는 그런 인상을 주는 시와 소설을 더할 나위 없이 편애해왔다.

에드거 앨런 포의 추리소설 「어셔가의 몰락」(2014)에 나오는 내용이다.

어셔의 말이 채 끝나기도 전에 방문이 활짝 열렸다. 억센 바람이 열린 방문으로 쏟아져 들어왔고, 그곳에는 마델라인이 큼지막한 수의를 입고 떡 버티고 서 있었다. 그녀가 입은 옷에는 피가 배어 있었는데 그것은 여윈 몸 전체로 무참하게 몸부림쳤던 흔적이었다. 그녀는 한순간 문지방 근처에서 부들부들 떨면서 이리저리 흐느적거렸다. 잠시 후 낮은 신음을 내며 방 안에 있던 어셔의 곁으로 온 그녀는 그의 몸 위로 풀썩 쓰러지고 말았다. 그러고는 어셔를 마룻바닥 위로 밀면서 비명을 마구 질렀다. 어셔는 눈을 치켜뜬 채 딱딱한 나무토막처럼 넘어졌다. 그의 심장은 공포에 질린 채 멎고 말았다. 결국 그 자신이 그토록 두려워하던 운명이 마침내 그를 구렁텅이로 내몬 것이다.

이와 같은 묘사에 내 마음은 한결 가벼워진다.

아르튀르 랭보가 「모음」(1895)이라는 시에서 노래한 내용은 그의 언어의식의 배경에 트라우마적 색채가 깔려 있는 것은 아닌가 생각하게 만든다.

검은 A, 흰 E, 붉은 I, 푸른 U, 파란 O, 모음들이여,
언젠가는 너희의 보이지 않는 탄생을 말하리라.
A, 지독한 악취 주위에서 윙윙거리는 터질 듯한 파리들의 검은 코르셋,

어둠의 만灣; E, 기선과 천막의 순백,
창 모양의 당당한 빙하들; 하얀 왕들, 산형화散形花들의 살랑거림.
I, 자주조개들, 토한 피, 분노나 회개의 도취경 속에서 웃는 아름다운 입술.

U, 순환주기들, 초록 바다의 신성한 물결침,
동물들이 흩어져 있는 방목장의 평화, 연금술사의
커다란 학구적인 이마에 새겨진 주름살의 평화.

O, 이상한 금속성 소리로 가득 찬 최후의 나팔,
여러 세계들과 천사들이 가로지르는 침묵,
오, 오메가여, 그녀 눈의 보랏빛 테두리여!

원문을 몇 번이고 읽으며 여러 번 번역했지만 그때마다 마음이 스르륵 풀린다.

옐란드는 쓴다. "한스 크리스티안 안데르센과 그림동화를 펴보니 내가 읽은 건 잔혹한 결말의 음울한 이야기뿐이었다. 잘린 발, 얼어 죽는 아이들, 예측 불허의 불운. 재난이 덮친 사람들. 나는 나를 찾고 있었다. 페이지를 넘기는 동안 갑자기 내 이야기가 발견되는 건 아닐까?"(2000) 나도 그로테스크한 민간전승 설화를 좋아하고 잔혹한 묘사가 많은 것으로 알려진 그림 동화의 연구자이긴 하지만, 분명 어떤 종류의 공감을 추구하며 연구를 하고 있다.

이 방면에서 내 탐구는 인생의 긴 시기에 걸쳐 이루어졌다. 오에 겐자부로의 기괴한 작품과 국내외의 무수한 추리소설을 읽고, 크리스 마르케의 영화 「방파제」, 레이 해리하우젠의 특촬영화, 르네 랄루의 애니메이션 영화 「판타스틱 플래닛」, 이시이 데루오의 추리 영화 「에도가와 란포 전집 공포기형인간」 등에 빠져 있었다. 특히 공포의 맛을 느끼게 해주는 고전 만화를 수집했다. 나카자와 게이지, 히노 히데시, 도쿠나미 세이치로, 시라카와 마리나, 마치다 마사유키, 니시타케 로, 이지마 이치로, 우메즈 가즈오, 모로호시 다이지로, 나가이 고의 작품을 나는 대량으로 모으며 흡족해했다. 만화에 이어 열중한 것은 사이키델릭 록과 애시드 포크의 사악한 열락으로 가득한 음색이었다.

트라우마를 넘어서 다가오다

—

군지 페기오-유키오와 미야다이 신지는 외부에서 '다가오는' 것을 불러들이는, 즉 인식의 개혁을 가져오는 시스템이란 무엇인가에 관한 대담을 나눴다. 미야다이는 시니피앙(기호 표현)에 비해 시니피에(기호 내용)가 적은 것에 대해 고뇌하며 이는 인식에 시간차가 발생함으로써 '다가온다'고 지적한다(2020a). 설득력 있는 견해라고 생각한다. 군지는 말한다.

"예컨대 트라우마 같은 것이 중요한 포인트인데, 트라우마가 있는 사람들이 '다가오는' 체험을 하는 게 아닌가 싶습니다."

"의미를 박탈당한 트라우마, 강도는 약하지만 트라우마가 갖고 있는 모욕적인 감각과 위화감, 공포감과 연결되는 부정적 감각의 빛이 바래면, 이유는 잘 모르지만, 그것이 무언가를 불러들이는 장치가 되는 것 같습니다."

"트라우마를 '단련'할 수 있게 되면서, 이전에는 플래시백이 찾아왔지만 어느 시점부터 치유적 감각이 다가오는 것 같습니다. 이건 예술가들이 트라우마를 아직 잘 '단련'하지 못할 때는 작품화할 수 없고, 어느 정도 임계점을 넘어서면 '이거다' 하면서 구상이 단숨에 작품이 되는 극적 변화와 마찬가지입니다."

군지의 이러한 생각은 시사적이다. 나도 분명 몇 가지 트라우마를 단련해왔다. 하지만 어떻게 하면 이것들을 단련할 수 있게 될까. 내게는 트라우마를 남긴 문학과 예술이 그 힌트를 주었다. 이들 작품도 트라우마를 단련하며 탄생했을 것이다. '트라우마는 이런 도구가 되도록 단련하면 된다'는 힌트를 준다.

예컨대 내가 최근 발표한 논문이 몇 편 있다. 그 논문의 주제는 모두 내 트라우마와 관련이 없지만 논문을 쓸 때는 하워드 필립스 러브크래프트의 『광기의 산맥』, 시어도어 스터전의 『인간을 넘어서』, 아비코 다케마루의 『살육에 이르는 병』, 스티븐 킹의 『그린 마일』 등의 소설, 조르주 프랑주의 「얼굴 없는 눈」, 혼다 이시로의 「마탄고」, 노무라 요시타로의 「떨리는 혀」, 아리 에스터의 「미드소마」 등의 영화, 데즈카 오사무의 「블랙잭」, 미야자키 하야오의 「바람의 계곡 나우시카」 등의 만화에 대한 기억이 내 두뇌 깊은 곳에서 길어올려져 서로 뒤섞임으로써 논문의 외형을 갖추어갔다.

여기에 열거한 작품은 모두 내게 트라우마를 남긴 것들이다. 그리고 그 트라우마적인 창작물을 참고로 빚어낸 틀의 내부에 주입되는 것은 내 삶의 수많은 트라우마가 변형되어 또 다른 형태를 갖추게 된 무언가다.

나 이외의 다른 사람이 보면 그렇게 느끼지 않을지 모르지만, 나는 이렇듯 트라우마를 '단련'해왔다. 이 책은 말하자면 내가 갖고 있는 온갖 종류의 트라우마를 단련해 탄생된 것이다.

다음에 게재한 것은 그러한 나의 심리를 표현한 자작 보정 사진. 오사카 엑스포기념공원에 있는 태양의 탑이 무리를 이루며 잘 단련된 트라우마로 '다가온다'.

82 꿈

—

나는 꿈을 거의 꾸지 않는다. 꿈을 꾸더라도 기억을 못 할 뿐인지 모르지만 어쨌든 아주 감사한 일이다. 내 꿈은 분명 악몽일 테니 말이다.

무라카미 하루키가 "저는 꿈이라는 걸 도통 꾸질 않아서요……"라고 말하자 가와이 하야오가 "그건 소설을 쓰고 있기 때문이에요. 다니카와 슌타로 선생도 같은 말씀을 하셨지요, 꿈을 거의 안 꾼다고요. 당연하다, 당신은 시를 쓰고 있지 않느냐, 하고 말한 적이 있습니다"라고 답했다(2003).

훗날 무라카미는 다음과 같이 발언했다. "작가에게 글을 쓴다는 것은 눈 뜨고 꿈을 꾸는 것과 똑같습니다. 늘 이론을 개입시킬 수 있는 것도 아니고 어찌 보면 터무니없는 경험인 거죠."(2010)

나는 평소 시도 소설도 쓰지 않지만 이 대목을 읽었을 때 무카라미에게 절대적으로 공감했다. 나도 매일 아침 꿈을 꾸기 위해 눈을 뜨는 것 같다. 내가 경험하고 있는 수중세계와 투명화에는 꿈 또는 트라우마가 승화된 결과라는 측면이 있을 것이다. 그리고 나는 연구자로서 꿈과 트라우마를 길어올리며 논문을 쓰고 있다.

14. 젠더와 섹슈얼리티

⋮

남성 뇌와 여성 뇌?

—

브라운스는 회상한다. "바버라가 물었다. 내가 당신보다 피터를 더 좋아해서 싫어? 바버라는 선명한 그림자다. 피터도 선명한 그림자다. 답은 명백했다. 아니. 바버라는 울면서 달려가버렸다. 어째서 울었을까."(2005)

"선명한 그림자"란 브라운스만의 독특한 용어로 자신이 좋아하는 타인을 말한다. 여기서 브라운스는 자신이 좋아하는 타인들끼리 서로를 좋아하는 게 뭐 어떤가 싶어 자신에 대한 상대 여성의 호의를 알아차리지 못했다. 자폐인에게 이른바 '여심'은 정형발달인 이상으로 난해하다는 사실을 시사하는 일화다.

여심은 여성 자폐인에게도 난해하다. 그들은 종종 나에게 여성 간의 공감 문화가 피곤하다고 폭로하기도 한다. 상대가 남성인 편이 대화할 때 피로하지 않다고 호소하기도 한다. 하지만 어쩌면 그녀들의 감정에는 여성 간의 관계는 어렵다는 세간의 말이 내면화되어 있을 가능성도 있다. 여성 자폐인 대부분은 남성과의 관계 형성에도 어려움을 느끼기 때문이다.

이는 남성 자폐인도 다르지 않다. 남성 자폐인에게 남성과 여성 중 어느 쪽이 어울리기 쉬운지 묻는다면 남성과의 관계가 어렵다고 털어놓는 사람이 많지만(나도 예외는 아니다) 실제로는 우리 남성 자폐인들은 여성과의 관계에서도 심각한 어려움을 안고 있다. 생각하건대 동성 간에는 동조 압력이 강하게 자주 느껴지고 그 점이 때로는 관계를 맺는 데 심리적 어려움으로 먼저 드러나는 것인지도 모른다.

사이먼 배런 코언은 아스퍼거증후군이라는 이름을 붙인 소아과 의사 한스 아스퍼거의 견해를 재발견하고 자폐인의 뇌를 "극단적인 남성형 뇌"라고 부른다. 배런 코언에 따르면 "모든 남성이 남성형 뇌를 갖고 있는 것도 아니고 모든 여성이 여성형 뇌를 갖고 있는 것도 아니지만"(2005), 인간에게는 시스템화에 뛰어난 '남성 뇌'와 공감에 뛰어난 '여성 뇌'가 있고, 시스템화는 일반 집단에서는 여성보다 남성이 뛰어난데, 자폐인의 경우 더욱더 뛰어나다. 한편 공감

능력은, 일반 집단의 남성은 일반 집단의 여성에 비해 떨어지며 자폐인은 더욱더 떨어진다고 한다.

그런데 자폐인은 종종 정리정돈을 어려워한다. 이 사실은 그들이 시스템화에 뛰어난 "극단적 남성 뇌"를 소유하고 있다는 가설에 그리 부합하지 않는 듯 보인다. 또한 자폐인의 공감능력이 뛰어나지 않다는 견해에는 의심스러운 면이 있는데, 이에 대해서는 앞서 언급했다. 아야야는 배런 코언의 남성 뇌와 여성 뇌에 관한 이론은 그의 젠더 편견에 의존하고 있다고 지적한다(2012).

84 남성성과 여성성

—

초등학생 시절 전학을 갔을 때 자기소개를 마치고 나는 반 친구들로부터 "남자야, 여자야?"라는 질문을 들었다. 이차성징이 시작되기 전에 인간은 일반적으로 중성적이지만 나는 훨씬 더 중성적이었다. 사춘기가 가까워지자 남성 간의 동성애에 관한 창작물을 보고 처음 성에 눈을 뜨게 되었고, 여성 간의 동성애에 관한 창작물이 이에 박차를 가했다.

사춘기에는 나의 성 정체성, 성적 지향, 연애 지향이 혼란스러웠는데, 이것이 내가 섭취한 동성애 소재 창작물의 영향인지, 아니면 내가 나 자신의 혼란을 정리하기 위해 그것들을 섭취한 것인지 잘 모르겠다. 둘 다 사실일 수도 있다.

중학교 때부터는 역사를 좋아하기 시작했다. 서양사를 좋아했지만 그 시절 친구들과 가장 빠져 있었던 것은 일본사와 중국사였다. 우리는 요코야마 미쓰테루의 만화『삼국지』, 진순신의 소설『소설 십팔사략』, 사마천의 역사서『사기』, 온라인 게임「노부나가의 야망」, NHK의 대하드라마 등을 즐겨 보며 열렬하게 떠들었다. 역사에 대한 열정은 내게 남성성에 대한 동경을 체현하는 것이었다.

이러한 경향과 함께 당시 방영 중이었던「미소녀 전사 세일러문」(다케우치 나오코 원작)과 주인공인 소년이 물을 뒤집어쓰면 소녀로 변신하는「란마 1/2」(다카하시 루미코 원작) 등의 TV 애니메이션이 여성성에 대한 동경을 부채질했다. 나는 순정만화를 수집하기 시작해 처음에는 동시대의 작품에 관심을 집중시켰지만 서서히 내가 태어나기 전의 작품으로 거슬러 올라갔다.

하기오 모토, 오시마 유미코, 야마기시 요코, 다케미야 게이코 등에 나는 귀의했다. 가장 좋아하는 작품은 맨 처음 좋아하기 시작한 하기오가 영향을 받은 야시로 마사코였다. 가장 소중하게 생각한 작품은 하기오의『포의 일족』, 다음으로 우치다 요시미의『별의 시계의 Luddell』이었다. 순정만화의 히로인에게 감정을 이입할 때면 깊은 안식이 찾아왔다. 스무 살 무렵, 수집한 순정만화 단행

본은 8000권을 넘겼다.

남성성과 여성성, 각각에 대한 동경은 서서히 분열의 색채가 짙어졌다. 소년에서 청년이 됨에 따라 전자는 거창하고 멋진 것, 후자는 이전보다 더 숨겨야만 하는 것으로 느껴졌다.

나는 헤이세이 시대에 다이쇼 시대의 교양주의를 살고자 했다. 그것은 내게 있어 남성성을 추구하면서 남몰래 여성성에 대한 동경을 지탱해준 행위였다. 그도 그럴 것이, 교양소설에 감화된 1970년대의 순정만화의 영향으로 교양주의에 대한 관심이 생겨났기 때문이다. 실제로 당시에 읽은 니체, 토마스 만, 도스토옙스키, 톨스토이 등의 작품은 대체로 남성다움이 강하기도 했지만 그 방향성을 추구하는 것이 내 진정한 모습으로서 옳다고 느꼈다. 그래서 스무 살 무렵에는 일본의 옛 학자들처럼 수염을 기르고 고풍스러운 인상의 안경을 씀으로써 나를 숨기기로 했다.

교양주의에 대한 환상은 이십대 후반, 어느 음악평론가(Q씨라고 하자)와 SNS에서 교류하면서 사라졌다. 그가 언더그라운드 음악을 중심으로 모든 문화를 포용한 인식 체계를 구축한 모습은 압권이었다. 그리고 그것이야말로 살아 있는, 그리고 나를 포함한 소수자들을 위한 세계관이라고 느꼈다. 흥미롭게도 그에게서 배운 다양한 미지의 음악은 남성성에 대한 동경과 여성성에 대한 동경을 가장 좋은 방식으로 종합한 것이라고 느껴졌다. 여성 음악가의 작품을 특별히 많이 들었던 것도 아니다. 내게는 높은 차원에서 바람직하다고 느껴진 음악이 남성성과 여성성의 통합이라는 행복한 환상을 가져온 것이다.

현재는 언더그라운드 음악 세계도 독특한 엘리트 의식에 물들어 있다고 느끼기 때문에 예전처럼 빠져들지는 못한다. 그러나 당시 몇 년간 열중해 있던 음악은 지금도 내 귀에 천사의 음악처럼 들려온다. 여기서 말하는 천사란 남성이나 여성을 초월했다는 의미다.

삼십대가 되자 드디어 영화가 친숙한 장르가 되었다. 장뤼크 고다르의 「미치광이 피에로」, 스탠리 큐브릭의 「2001 스페이스 오디세이」, 세르게이 파라자노프의 「석류의 빛깔」, 프랜시스 포드 코폴라의 「대부」, 마틴 스코세이지의 「택시 드라이버」, 기타노 다케시의 「그 여름, 조용한 바다」, 천카이거의 「패왕별희」, 쿠엔틴 타란티노의 「펄프 픽션」, 리처드 링클레이터의 「비포 선라이즈」, 파티 아킨의 「미치고 싶을 때」, 페드로 알모도바르의 「브로큰 임브레이스」, 압델라티프 케시시의 「가장 따뜻한 색, 블루」, 가이 리치의 「맨 프롬 U.N.C.L.E.」, 조지 밀러의 「매드맥스, 분노의 도로」, 존 카니의 「싱스트리트」 등을 몇 번이고 봤다.

그리고 이들 영화에서도 남성성과 여성성의 고차원적 통합, 천사성을 느꼈다. 신기한 일이다. 나 외에 다른 사람들이 이들 영화를 남성성과 여성성이 동등하게 통합되어 있다고 느끼는 건 거의 불가능할 거라고 생각한다. '너무 좋다'라고 느낄 때 그 느낌을 남녀의 성차를 초월해 받아들이려는 심리 기제가 내 안에 구축되어 있기 때문이다.

⁸⁵ 모호한 성

—

젊었을 때는 책에서 여성스러운 인상의 남성이라는 묘사를 만나거나 여성이 남성의 욕망을 갖고 있는 듯 보이는 장면을 만나면 내가 그런 등장인물이면 좋겠다는 꿈을 꾸곤 했다.

예컨대 스무 살 무렵에 읽고 깊은 인상을 받은 허먼 멜빌의 소설 「선원, 빌리 버드」(2017).

그는 어렸다. 체격은 제대로 발육되어 있었지만 보기에는 실제보다 훨씬 더 어려 보였다. 아직 보드라운 얼굴에는 사춘기의 여운이 남아 있었고 자연스러운 얼굴색의 순결함은 여성적이라고 할 수밖에 없었다. 그러나 항해 경험 때문에 피부의 흰 백합 같던 부분은 완전히 억제되어버렸고 장미 같은 부분은 햇살에 그을려 활기차게 술렁이는 것이었다.

이처럼 여성스러운 인상이었으면 좋겠다고 생각하며, 나는 나에게 어울린다고 판단해 태평양전쟁 한가운데서나 쓸 법한 동그란 안경을 쓰고 콧수염을 기르고 있었다.

같은 시기에 읽은 빅토르 위고의 시 「미역 감는 사라」(1964).

사라. 이 나른한 미인의/ 몸이 흔들린다/ 해먹에 싸인 채./ 분수의 수반에/ 물이 가득 차 있다/ 일리소스강에서 뻗어내려온 물/ 유약하게 하늘거리는 모습을/ 비추고 있다/ 투명한 물의 거울./ 이 흰 살빛의 미역 감는 여자는/ 몸을 구부리고,/ 자신의 모습을 보려고./ 해먹의 그물이/ 흔들릴 때마다/ 살랑거리며 수면을 훔치면/ 물이 물결치는 듯하다./ 아주 잠시 한순간/ 그녀의 아름다운 발이. 그녀의 아름다운 목덜미가./ 사라는 부끄러운 듯 수면에 발을 담근다/ 물에 비치는 그녀의 모습이 흔들린다/ 아름다운 발은, 대리석이 장밋빛으로 물든 듯/ 경쾌하게 흔들리고/ 물의 상쾌함에도 시치미 떼는 얼굴.

나는 외모가 수려했다면 망설임 없이 여장을 했을 거라고 생각하면서 내가 닮고 싶은 여성과 교제를 했다.

성소수자를 의미하는 LGBTQ에는 LGBTQ+ 등 여러 별칭이 있다. 성 정체성이나 성적 지향 면에서의 소수자가 L(레즈비언), G(게

이), B(바이섹슈얼), T(트랜스젠더)만 있는 것이 아니기 때문이다. Q는 '젠더퀴어(논바이너리)' 또는 '퀘스처닝(성 정체성이나 성적 지향을 탐구 중)', +는 '그 밖의 성소수자(에이섹슈얼, 인터섹스 등)를 의미한다.

나는 아마도 '유사 논바이너리 젠더플루이드'가 될 것 같다. 논바이너리(X젠더)는 영어로는 '논바이너리 젠더(남성이나 여성, 양자택일로 판단할 수 없는 성 정체성을 의미한다)'라고 하며, 여기에는 성 정체성이 남성과 여성 사이에 있는 안드로진, 성 정체성이 없거나 표현할 수 없다고 느끼는 에이젠더, 남성과 여성이 일정한 비율로 섞여 있는 젠더퀴어, 남성과 여성이 시간이나 상황에 따라 바뀌는 젠더플루이드가 있다. 나는 스스로를 완전한 남성으로 느낄 때가 인생의 30퍼센트, 남성보다 중성이라고 느낄 때가 40퍼센트, 여성보다 중성이라고 느낄 때가 20퍼센트, 양성과 무성이라고 느낄 때가 10퍼센트라는 감각으로 살아가고 있다.

'유사'라고 쓴 것은 우리 발달장애인들 중에는 논바이너리로 정체화하는 사람이 드물지 않지만, 정형발달인 논바이너리에 비해 일반적이라고 하기 어려운 면이 있기 때문이다. 내 느낌으로는 정형발달인 논바이너리는 안드로진, 에이젠더, 젠더퀴어, 젠더플루이드의 경향이 명확하게 구분되어 있는 것 같다. 이에 비해 발달장애인은 나의 사례처럼 거의 남성 또는 여성으로 패싱되지만 본인은 논바이너리로 정체화한 경우가 많다.

참고로 이 책의 초고에는 편집자 시라이시 씨가 젠더플루이드라는 나의 성 정체성에 대해 "성적 지향은 그럼 그때그때 바뀌나요? 예를 들어 자위행위는 어떻게 하시나요?(누군가가 이런 딴지도 걸 수 있다는 의미로 일부러 적는 질문입니다)"라는 코멘트를 써준 적이 있다. 참고가 될 수도 있으니 간결하게 답해보자.

나의 망상 빈도는 여성으로서 여성에게 애무당하는 것, 남성으로서 남성에게 삽입하는 것, 여성으로서 남성을 리드하는 것순이다. 망상 속에서 내 성별은 파악할 수 없다. 현실에서는 남성으로서 여성과 섹스하지만, 내면에서는 '역할 분담'에 관해 다양한 갈등이 있다. 여성과의 성 경험, 남성과의 성 경험이 어느 정도 있는가에 대해서는 넘어가겠다. 하지만 쉽게 짐작할 수 있듯이 경험이 풍부하다고 말할 수 없다는 것만은 확실하다.

우리 자폐인들에게는 트랜스젠더나 논바이너리로서의 성 정체성, 즉 성별위화감을 호소하는 사례가 드물지 않다. 시몬은 "대부분의 경우 본질적으로 우리 AS(아스퍼거증후군)인은 몸짓 등의 습관이나 행동에 있어서 양성구유적"이라고 말한다(Simon, 2011). 옐란드는 아스퍼거증후군이 있는 사람들이 '트랜스 섹슈얼리티'일 확률은 일반 집단보다 크다고 지적한다(Gerland, 2007).

스웨덴에서 실시한 자폐인의 얼굴에 대한 조사에 따르면, 남성은 남성적 특징이 적고 여성은 여성적 특징이 적었다고 한다(Beje-rot, 2012). 네덜란드의 한 조사에 따르면, 성별위화감으로 외래 진료를 받은 청소년 중 자폐인이 7.8퍼센트에 달한다는 보고도 있다(Vries, 2010). 미국에서는 자폐인과 ADHD인의 부모에게 인터뷰를 실시한 결과, 자신의 자녀가 성별위화감을 느끼고 있다고 대답한 비율이 전자는 5.4퍼센트, 후자는 4.8퍼센트였다고 대답했다(Strang, 2014).

이 비율이 얼마나 높은 것인지는 DSM-5에 성별위화감의 '유병률'이 출생 시 남성 성인에서 0.005~0.014퍼센트, 출생 시 여성 성인에서 0.002~0.003퍼센트라는 사실로부터도 명백히 알 수 있다.

이러한 성별위화감의 원인이 어디에 있는지는 확실하지 않다. 야마구치 다카시는 자폐인은 정체성 구축이 어려운 점, 감각과민 때문에 이차성징에 대한 당혹감이 큰 점, 인지가 극단적이어서 사고가 독특한 점, 근원적인 질문을 선호하는 점, 그리고 그에 따른 강박 등을 들고 있다(2008). 이 견해에는 대체로 동의할 수 있다.

오무라 유타카는 "성 동일성 장애는 그들이 자기 이미지를 통합하는 데 서툴러 발생한 자신의 성적 이미지에 대한 혼란 때문일지 모른다. 또는 부적절한 원인을 자신의 성적 속성에서 찾음으로써 반대되는 성별과 동일화해 부적응을 해결하고자 하는 독특한 판타지일지도 모른다"(1999)고 고찰했다. 이 지적에도 부분적으로는 동의하지만 발달 일원에는 남성 호르몬 또는 여성 호르몬을 투여받는 사람, 성전환 수술을 받은 사람, 동성 연인이 있거나 동성 연인을 구한다는 사실을 공개한 사람이 적지 않으므로 '성적 이미지의 혼란'이나 '판타지'만으로 그렇게 되는지는 의문이다.

이제 내 생각을 말해보고자 한다.

첫 번째 가능성으로는 육체적 문제, 즉 뇌의 신경세포(뉴런)와 호르몬 등의 내분비계 문제를 생각해보면 좋을 듯하다.

한편, 두 번째로 키메라 현상이 관여되어 있을 가능성도 있다. 부모나 형제자매, 가까운 친구, 연인 또는 문학과 예술에 감화되어 내 안에서의 성차가 불분명해진 것이다.

다만, 세 번째로 오히려 자폐인이나 ADHD인은 주변 사람들에게 동조하는 정도가 약하기 때문에 세간의 규범이나 인습으로부터 자유롭게 성장할 수 있어 남자다움 또는 여자다움에 관한 고정관념에 묶여 있지 않을 가능성도 있다.

또한, 네 번째로 우리는 해리되기 쉽다. 내 동료들 중 몇 명은 해리성 인격장애(이른바 다중인격) 당사자이기에 한 인간 안에 여러 남녀의 인격이 존재하는 것은 결코 드문 일이 아니다. 이런 해리 때문에 성 정체성의 동요가 발생했을지도 모른다.

다섯 번째로 자폐인에게는 심한 강박이 있어 흑백사고가 강한 성향이 있기 때문에 많은 사람이 저항 없이 받아들이거나 신경 쓰지 않는 수준의 성 정체성이나 성적 지향의 모호함을 어떻게든 규명하고자 혈안이 되는 바람에 결과적으로 그 문제가 드러났을 가능성이 있다. 미국의 조사 결과에서는 ADHD인에 관한 것도 보고됐는데, ASD와 ADHD는 동반 이환하기 쉬우므로 답변한 ADHD인의 일부가 자폐인일 가능성도 부정할 수 없다.

발달장애와 LGBTQ+의 관계는 다루기 까다로운 면이 있다. 과거에 레즈비언, 게이, 바이섹슈얼은 치료의 대상이었다. 1973년 미국정신의학회는 동성애 행위를 정신장애로 봐야 한다고 결의했다. 그로부터 20년 가까이 지난 1992년 세계보건기구who가 ICD-10(국제질병분류 제10판)에서 동성애를 삭제했다. 나아가 트랜스젠더에 대한 표기에도 변화가 일어나고 있다. 2019년 ICD-11에서는 성 동일성 장애가 '정신장애' 분류에서 삭제되고 '성 건강 범주'라는 분류 중 '성별 불일치'라는 명칭으로 변경되었다. 나는 이러한 움직임에 용기를 얻고 있다.

LGBTQ+의 역사는 성 정체성 문제가 정신질환으로 취급되던 전통에서 해방된 역사였다. 그런데 발달장애와 LGBTQ+는 앞서 설명했듯이 유의미한 관계가 있다. 이 문제를 해결하기 위해서도 발달장애는 정신질환이 아닌 신경다양성 차원의 문제라는 인식의 변화가 반드시 필요하다.

—

나는 내 이름 '마코토'를 정말 좋아한다. '마코토誠'는 실제로는 1957년에서 1978년 사이 일본에서 남자아이에게 붙여진 이름 중 1위를 열여덟 번이나 차지해 전후 일본인 남성의 이름으로서 인기 있는, 최대 양산품에 불과하다(小林, 2011).

그러나 음독하여 '마코토'라 불리는 이름은 남녀 공통으로 사용되며 특히 서구에서는 심지어 여성 이름으로 착각하곤 한다. 외국인들은 'MAKOTO'라는 발음에서 'KO'를 여성의 이름에 많은 '○○코子'와 혼동한다. 사람에 따라 만화나 애니메이션의 여성 캐릭터를 통해 'MAKOTO'가 여자 이름이라고 이해하기도 한다. 일본에서는 '히카리' '아키라' '유키' '쓰바사' 등과 함께 '마코토'는 남녀 공통으로 쓰이는 이름이라는 점, 그런 면에서 영어권의 '크리스'나 프랑스어권의 '도미니크' 등과 비슷하다고 나는 많은 외국인에게 설명해왔다.

자위할 때 망상 속에서 자신의 성별을 이성으로 바꾸거나 동성과 섹스를 하는 것은 정형발달인에게도 흔하진 않을 것으로 짐작된다. 그러나 나는 현실생활에서도 남자로서 여자에게, 남자로서 남자에게, 여자로서 남자에게, 여자로서 여자에게 성적으로 끌리는 것처럼 느껴져서 혼란스럽다. 그 혼란 또는 미혹은 리얼리티를 띠고 있다.

예컨대 나는 여성에게 연애 감정을 느끼고 내가 여성적이라고 느낄 때 자주 레즈비언이 되고 싶은 건가 하고 생각했다. 어느 날 한강의 소설집 『노랑무늬영원』(2019)을 읽고 나를 위한 소설이 아닐까 생각했다.

이 작품에는 절실하게 여성이 되고 싶어 여장을 하면서도, 자신이 실제로 성적 욕구를 느끼는 상대는 자기 소망을 지지해주는 여성이라고 말하는 남성이 등장한다. 여장을 한 주인공과 여자는 산책하며 "편견과 혐오, 경멸과 공포의 시선"을 느낀다. 두 사람은 "팔짱을 끼거나 손을 잡는다. 활짝 눈웃음치는 눈으로 내 얼굴을 올려다본다. 그럴 때 나는 오래전에 보았던 짧은 영화의 한 장면을 떠올리기도 한다. 한 쌍의 레즈비언이 햇빛 환한 거리를 팔짱을 끼고 걷고 있다. 서로의 뺨과 어깨와 팔을 애무하며, 웃음과 입맞춤을 나누며 건물들의 모퉁이를 돌고 또 돈다. 십 분 가까이 침묵 속에서 그들의 다정한 오후를 비추던 카메라는 그들이 사라지자 모퉁이를 뒤따라 돌아가, 둔기에 머리를 맞고 피 흘리며 죽어 있는 그들을 마지막으로 위에서 비춘다. 핏속에 나란히 누워 있는 그들의 몸 위로 엔딩 크레딧이 올라간다." 불길한 상상을 하게 되는 부분도 나와 꼭 닮아 있다.

그러나 내가 실제로 진지하게 여성이 되고 싶은 것은 아니다. 웃음을 강요당하는 의사소통 방식과 성범죄 피해, 출산, 여성혐오를 견딜 자신이 없다. 매일의 화장과 매달의 월경과 반복되는 성교통에도 패배할 가능성이 높다. 레즈비언으로서 살아간다 해도 사회의 몰이해와 높은 빈곤율 등 어려움이 많다는 것은 공포다. 여성들에게는 어디까지고 머리를 숙이게 된다.

훗날 다시 읽고 나니 세부 내용이 내게 각별한 의미를 갖고 있었기 때문에 나를 위해 쓰인 소설이라고 지나치게 몰입해서 읽었다는 것을 깨달았다. 그들이 처음 키스를 나눈 것은 분수 앞이었다고 쓰여 있는데, 문학작품을 인용하며 몇 번인가 언급한 것처럼 분수는 내가 좋아하는 문학적 모티브다.

밤 산책에 대해서는 "이런 날의 밤 산책은 나에게 환영의 숲이나 바다 아래를 걷는 것이다"라고 말하는 대목이 있는데, 역시 나에게는 식물이나 수중세계를 좋아하는 내 세계관과 가깝다는 인상을 준다. 그리고 이 작품은 우리 자폐인들에게 익숙한 깊은 우주 공간의 이미지를 제시한다. 소설은 다음과 같이 노래한다.

에우로파,/ 너는 목성의 달/ 암석 대신 얼음으로 덮인 달/ 지구의 달처럼 하얗지만/ 지구의 달처럼/ 흉터가 패지 않은 달

또다시 식물

—

내가 식물을 좋아하는 이유 중 하나는 식물이 양성구유의 성질을 지니고 있다는 점 때문이다. 꽃의 암술과 수술을 보고 있으면 가슴이 설렌다.

오월을 주제로 한 시나 에세이도 나를 도취시킨다. 이 시기의 식물이 가장 아름답다고 느끼기 때문이다. 예를 들면 요사노 아키코 與謝野의 「오월의 노래」(1980).

산들바람의 달, 푸르른 달,

백금 색 구름의 달,

꿀벌의 달, 나비의 달,

개미도 나방이 되고, 카나리아

알을 품는 출산의 달,

무언가 사물에 초대받는

관능의 달, 육체의 달,

부블레 주酒의, 향료의,

춤의, 음악의, 노래의 달,

나를 안으로 만물이,

현명하게 안아주고, 뒤얽히고, 신음하고, 입맞추고, 땀을 흘린다

태양의 달, 푸른 바다의,

숲의, 공원의, 분수의,

정원의, 테라스의, 별채의 달,

됐다, 오월, 밀짚으로

가늘고 얇은 컵으로

레몬수를 들이켜는 듯

달콤한 현기증을 던지러 왔다.

초등학생 시절에는 곤충 채집에 열중했는데, 곤충 자체가 좋았던 것 이상으로 곤충이 식물의 세계를 어슬렁거린다는 데 두근거림을 느꼈던 것 같다. 알베르토 모라비아의 「장미」(1976)에는 대다수의 꽃무지가 장미를 사랑하는 가운데 오직 양배추만을 편애하는 꽃무지 아가씨가 등장한다.

다수와 다르게 태어난 건 귀찮구나. 왜, 어째서 그런 건지는 잘 모르겠지만 다르다는 것이 그것만으로 결함, 열등성, 죄악, 범죄가 된다. 나와 대다수의 사이에 있는 것은 숫자만으로 된 관계가 아닌데도. 우연히 꽃무지의 대다수가 장미를 좋아한다. 그러면 장미를 좋아하는 것이 옳은 것이 된다. 정말 엄청난 일이지. 그래도 나는 양배추를 사랑하고 양배추 말고는 사랑할 수가 없어. 나는 그렇게 생겼고 나를 바꾸는 것도 불가능해.

분명하게 성소수자를 암시하고 있어 내게는 아주 매력적이었다.

나는 유튜브를 좋아해 숲속에서 내리는 빗소리를 현장에서 녹음한 음원을 듣곤 한다. 더할 나위 없이 관능적인 공간이다. 실제로 성적인 영상이나 이미지보다 물에 젖은 식물을 상상하는 편이 훨씬 더 흥분된다. 그림 중에서도 식물을 그린 작품을 아주 좋아하는데, 내가 특별한 애착을 안고 있는 것은 폴 세잔이 그린 목욕하는 남녀들. 푸른색을 띤 그들의 모습이 식물적으로 느껴지기 때문이다.

⁸⁸ 결혼 희망

—

안타깝게도(?) 나는 결혼하고 싶다. 어린 시절 우리 집을 불행하다고 여겼고, 레트로한 순정만화의 애독자였기 때문일까. 결혼해봐야 좋을 일이 없을 것 같아서 가능하면 그 소망은 버리고 싶다. 연애하는 것도 어렵다. 나를 좋아해주는 사람은 종종 있지만 서로의 이질적인 특징이 드러내는 단절감에는 좀처럼 익숙해지기 어렵다.

발달장애 진단을 받기 전부터 누군가와 데이트를 하면 '나와 그 사람은 다른 별에서 왔다'고 느끼곤 했다. 함께 산다고 해도 나는 집을 동물원으로 만들어버린다. 동물 키우길 좋아하는 상대와는 궁합이 잘 맞겠지만, 한계라는 것도 있는 법이다. 외국어를 가르치는 사람으로서 이문화 교류를 더 잘해야 하는데 하고 반성한다.

또한 소년 시절 소속되어 있던 종교 단체는 미혼자의 순결을 장려하고 부부간의 성행위도 원칙적으로 금기임을 주입했다. 그 영향이 남아 나는 왠지 모르게 성행위를 꺼림칙하게 생각하게 되었다. 게다가(불평이 많은 사람이라 죄송합니다……) 촉각과민이라 성행위 때 삽입하는 쪽임에도 곧잘 '아파서 큰일'이라고 생각하고 만다. 나는 지루라서 상대방에게 미안한 감정이 올라온다.

아마도 나는 "두 사람은 결혼해서 평생 행복하게 살았습니다"라는 유치한 이미지만을 좇은 건 아닐까. 그림 동화 연구자로서 『잠자는 숲속의 공주』에 대해 몇 편이나 논문을 썼지만, 잠들어 있는 공주에게 왕자가 키스하고 결혼하는 해피엔딩으로 끝나는 이야기에 대해 고찰한 것도 결혼에 대한 나 자신의 보상 행위가 아니었던가. 그런 생각이 들어 심각하게 고민한 적도 있다.

후지코 F. 후지오의 『도라에몽』 주인공 '노진구'가 미래에 결혼할 수 있을지 고민하자 도라에몽이 어이없어하는 장면이 있다(1975). 어릴 때 나는 그 장면을 보며 누구나 어른이 되면 결혼할 수 있고 그건 당연한 얘기라고 믿어 의심치 않았다. 그런데 대체 어떻게 된 일일까. '후지코 F. 후지오는 거짓말쟁이! 믿었는데!'라고 소리치고 싶은 기분이다.

그런 생각을 하며 나는 『어린왕자』의 한 구절을 옮긴다.

망치도 볼트도 죽음마저도 모두 우스워 보였다. 어떤 별, 어느 행성에, 아니 내 행성에, 위로해주어야 할 어린왕자가 있었다(1946).

나는 위로받는 쪽인 어린왕자에도, 위로하는 쪽인 화자에도 나를 투사하며 안심할 수 있다.

15. 죽음

⋮

⁸⁹ 종교적 세계관에 대한 복잡한 감정

—

나는 몇 번인가 자살하려고 했다. 오랜 시간 죽음에 대해 고민한 나는 종교적인 것에 끌리면서도 어느 누구보다 반감을 갖고 있다. 종교와 관련된 것은 어린 시절의 트라우마를 자극해 지옥행 타임 머신을 가동시킨다. 특히 시각적 자극이 트리거가 된다.

종교는 눈부시게 아름다운 세계관을 수단으로 신자 수를 늘리고자 한다. 예를 들어 구약성서에는 "예루살렘의 성문들은 청옥과 취옥으로, 성벽은 모두 보석으로 만들어지고 예루살렘의 탑들은 금으로, 그 성가퀴들은 순금으로 만들어지며 예루살렘의 거리들은 홍옥과 오피르의 돌로 포장되리라"(「토빗기」 13장)라고 되어 있다.

신약성서도 마찬가지다. "성벽은 벽옥으로 영광의 색을 발했고, 도성은 유리처럼 투명한 순금이었습니다. 도성의 주춧돌은 온갖 귀한 보석들로 장식되어 있습니다. 첫째 주춧돌은 벽옥, 둘째 것은 사파이어, 셋째 것은 마노, 넷째 것은 에메랄드, 다섯째 것은 얼룩 마노, 여섯째 것은 홍옥수, 일곱째 것은 귀감람석, 여덟째 것은 녹 주석, 아홉째 것은 황옥, 열째 것은 녹옥수, 열한째 것은 청옥, 열두 째 것은 자수정이었습니다. 그 열두 대문은 열두 진주로 되어 있었 는데, 각 대문이 한 개의 진주로 되어 있었습니다. 도시의 중심가 는 유리처럼 투명한 순금이었습니다"라고 되어 있다(「요한계시록」 21 장 18~21절).

이러한 묘사에 감사함을 느끼는 신자가 많을 것이다. 그러나 내 내면에는 지옥의 기억이 들끓는다.

다른 종교라도 사정은 변함없다. 불교 경전인 『화엄경』에는 "부처 님께서 처음으로 깨달음을 이루셨을 때, 대지는 청정해지고 갖가 지 보화와 꽃으로 장식되었으며 아름다운 향기가 넘쳐흘렀다. 또 화환은 부처님 주위를 둘러싸고 있었으며, 그 위에 금, 은, 유리, 수 정, 산호, 마노 등의 진귀한 보석들이 뿌려졌다. 그리고 수많은 나 무는 잎과 가지에서 빛을 발하고 있었다. 부처님이 깨달음을 여신 이곳은 부처님의 신통력으로 모든 것이 장엄하고 그림자가 반짝이 는 것으로 빛난다" 운운하고 있다(『화엄경』 1장).

살벌하게 반짝이는 빛이다. 내 심장에서도 피가 용솟음친다.

나는 50개국 이상을 여행하며 기독교, 불교, 이슬람교 등의 위엄 넘치는 종교 시설을 돌아봤다. 일본 내에서도 신사나 불각, 신흥 종교의 교단 시설 등을 공부 차원에서 견학한다. 나는 이런 시설을 볼 때마다 아름답다고 느끼는 한편 플래시백의 폭풍우를 견딘다. 전통 종교도 신흥 종교도 내 트라우마를 치유하지 못하고 나를 죽음의 공포에서 해방시키지도 못한다.

90 죽어가는 시인에게서 기운을 얻다

—

자살 사고가 들면 마사오카 시키와 게오르크 트라클이 죽음 직전에 쓴 시를 떠올린다.

마사오카 시키는 몸져눕기 전에 "엊그제 수세미외 물도 가지러 가지 못했다수세미외 즙에는 가래를 가라앉히는 효과가 있다. 시키는 결핵으로 세상을 떠났다"라고 읊었다. 수세미외는 유머러스하고 멋있다. 나는 양치식물인 고사리를 손에 쥔 채 죽고 싶다. 고사리의 '蕨'라는 한자만 봐도 빙글빙글 감겨 있는 느낌과 어울려서 근사하다.

내게는 시키보다 더 효과 있는 것이 트라클이 전장에서 절망해 자살하기 전 근친상간 관계에 있었던(그렇게 짐작되는) 친누이를 떠올리며 쓴 시 「그로덱」(1915)이다.

저녁에 가을 숲이 연주를 한다/ 죽음의 무기들에 의해. 황금의 평원과/ 푸른 호수. 그 위를 태양이/ 더욱 암울하게 굴러간다. 밤이 감싸안아주는 것은/ 죽어가는 병사들./ 그들의 무너진 입/ 황폐한 탄식/ 하지만 고요히 습지에 모인다/ 붉은 구름무리/ 그곳에 분노의 신이/ 흘러버린 피가, 달의 청량함이 거주한다/ 모든 길은 검은 부패로 통한다/ 밤과 별들의 황금 가지 아래/ 누이의 그림자가 흔들리고/ 침묵의 사원을 통과해간다/ 영령들은, 피 흘리는 머리를 위문하기 위해서/ 그리고 갈대 안에서 가을의 어두운 플루트가 연주를 한다 오오 긍지 넘치는 비애여!/ 그 청동의 제단이여,/ 정신의 뜨거운 불길을/ 이제는 강력한 고통이 부양하고 있네/ 태어날 일 없는 손주들을

나는 이 시를 나만을 위해 몇십 번씩 반복해서 번역했다. 발표는 하지 않았다.

죽어가는 시인과 작가의 작품이나 일기를 읽으면 자살을 원하는 나를 나에게로 돌아오도록 만들 수 있다. "죽어가는 시인들의 언어가 마음과 몸을 건강하게 한다." 이런 취지의 앤솔러지를 언젠가 꾸려보고 싶다.

다른 공간 또는 지수화풍

—

앞서 언급했듯이 자폐인은 마치 마법의 세계에 살고 있는 것처럼 미래에 대한 불안이 크다. 나는 나 자신을 달래기 위해 다양한 사상과 문학작품에서 죽음에 관한 가르침을 탐구해왔다. 예를 들어 조르주 페렉이 『공간의 종류들』에서 쓴, "살아 있다는 것. 그것은 가능한 한 서로 충돌하지 않도록 노력하며 한 공간에서 다른 공간으로 이동하는 것이다"(1974).

나는 이 문장이 사는 것뿐만 아니라 죽는 것에도 해당된다고 생각했다. 충돌을 피하기 위해 다른 공간으로 가는 행위로서의 죽음. 그렇게 생각하면 죽음의 무게가 조금은 가벼워지지 않을까.

하나 더, 헤라클레이토스의 지수화풍地水火風, 즉 4대 원소에 관한 자연철학. 디오게네스 라에르티오스가 전한 대목─"불이 농축되고 응축되면 수분이 빠져나가 물이 생성된다. 그리고 그것이 응결하면 흙으로 변한다. 그것이 하강의 길이다. 다시 반대로 흙이 풀어지면 거기서부터 물이 생겨나고 다시 그 밖의 것들이 생성된다. 그는 대부분이 바다에서 증발되는 것으로 복속시킨다. 이것이 상승의 길이다. 증발은 대지에서도 바다에서도 일어난다."(日下部, 2020)

나는 죽음에 관해서도 이처럼 자연의 섭리를 일관되게 믿고 이

섭리는 나를 편안하게 한다. 기성 종교보다 훨씬 더 기운을 북돋운다.

⁹² 영원의 순간

—

살아 있는 시간은 유한하지만 영원처럼 느껴지는 순간이 있다. 발터 벤야민이 말하는 자연계의 '아우라'는 그와 같은 순간을 상기시킨다.

도대체 아우라란 무엇인가? 시간과 공간이 독특하게 얽혀 하나가 된 것으로, 아무리 가까이 있어도 까마득한 단 한 번의 현상이다. 어느 여름 오후, 느긋하게 쉬면서 지평선에 누운 산맥과 쉬는 자의 그림자로 떨어지는 나뭇가지를 눈으로 쫓는 것—이것이 그 산맥과 나뭇가지의 아우라를 호흡하는 일이 아니면 무엇이겠는가 (1991).

그리고 분수를 볼 때도 영원의 순간이 나를 방문한다. 콘라트 페르디난트 마이어의 시 「로마의 분수」(1962)는 내 감각을 잘 대변해준다.

위로 솟아올랐다가 빛줄기는 떨어지면서/ 대리석 둥근 수반에 가득 쏟아지고/ 마치 베일을 쓴 듯/ 두 번째 수반으로 넘쳐흐르고/ 수반이 또 가득 차면/ 세 번째 수반으로 물결치며 쏟아져 내린다/ 수반은 저마다 동시에 주고받으며/ 흐르고 또 평안하다

이처럼 영원의 순간을 느낄 때 '아아 이제 삶의 포만감이 든다'. 슬프게도 나는 세속적인 사람, 영원의 순간을 잃어버리면 바로 삶의 공복감에 벌벌 떨게 되지만 지금까지 자주 포만감을 느껴왔기에 당장 죽는다 해도 그럭저럭 괜찮은 삶이었는지도 모른다.

16. 의료, 복지, 자조모임

⋮

⁹³ **의료의 한계**

—

현재 일본에서 인가받은 성인 자폐인을 위한 처방 약은 단 한 종류도 존재하지 않는다. 그러나 자폐인이 사회와의 마찰 때문에 발생하는 2차 장애(적응장애, 우울증 등)와 관련해서는 조현병에도 처방되는 리스페리돈(상품명 리스페달), 조현병과 양극성장애에도 처방되는 아리피프라졸(상품명 아빌리파이), 항우울약 둘록세틴(상품명 심발타), 에스시탈로프람(상품명 렉사프로), 트라조돈 등이 처방된다.

성인 ADHD 처방 약 중에는 현재 기면증에도 처방되는 메틸페니데이트(상품명 콘서타), 아토목세틴(상품명 스트라테라), 고혈압에도 처방되는 구안파신(상품명 인튜니브)이라는 세 종류의 약이 인가받았다. 2차 장애로 양극성장애가 발병한 ADHD인이 매우 많은데, 이때는 방금 말한 아리피프라졸, 뇌전증에도 처방되는 라모트리진(상품명 라믹탈), 탄산리튬, 루라시돈(상품명 라투다) 등이 처방된다.

나는 리스페리돈, 아토목세틴, 그리고 우울증, 공황장애, PTSD 등에 처방되는 설트랄린(상품명 졸로푸트)을 복용하고 있다. 정확하게 말하면 모두 제네릭 의약품이다. 약을 복용 중이면서 발달장애가 신경다양성에서 비롯되었다고 하는 내 주장이 앞뒤가 맞지 않는다고 느끼는 사람도 있을 것이다. 그러나 주의해야 할 점은 우리가 말하는 '뇌의 다양성'이 사회에 수용되지 않아 있는 그대로의 상태로는 곤란한 상황이 발생하기에 더더욱 처방 약이 필요하다는 것이다. 사회가 있는 그대로의 우리를 포용하고 우리가 상처받지 않게 된다면 많은 처방 약은 필요 없어진다.

발달장애인을 포함한 장애인들은 우리와는 다른 다수를 위해 디자인된 사회 속에서 불가피하게 살아가고 있다. 병의원의 의료 서비스, 행정과 민간 복지 서비스, 자조모임 활동, 문학과 예술의 활용. 이 지원망을 나는 '사방세계'라고 부른다.

사방세계란 후기 하이데거의 용어로, 그는 "하늘, 대지, 죽을 자들과 신적인 것들"의 '관계'가 사방四方이라는 세계를 드러낸다는, 난해하달까 비교秘教적인 사상을 역설했다. 알 듯 말 듯한, 아니 알 것 같아도 실제로는 전혀 이해할 수 없는 사상이지만 사방세계라는 용어가 멋져서 나는 이걸 사용하기로 했다.

장애인은 사방세계로 인해 자신들에게 부적합하게 디자인된 세계를 살기 편하게 만들 수 있다. 내가 말하는 '문학과 예술'은 대중적인 것, 즉 드라마, J-팝, 인터넷 영상 등을 모두 포괄하기 때문에 이 중 어느 것에도 관심이 없는 분은 거의 없을 것이다. 꼭 한번 제대로 즐겨보시기를 바란다.

자조모임 활동의 의의는 아직도 충분히 널리 알려지지 않았다. 모임을 경험해본 적 없는 많은 당사자가 이 책을 읽고 자조모임에 참여해보고 싶다고 생각해준다면 정말 기쁠 것 같다.

94 생활 돌봄을 받다

—

나는 요리와 청소가 너무 어렵다. 요리와 청소를 할 수 있는 자폐인은 드물지 않다. 그런데 나는 왜 안 될까.

요리와 청소를 잘하는 동료들의 이야기를 들어보면 ASD의 강박을 이용하고 있다고 한다. 철저하게 원칙적으로 요리하고 청소하는 것은 분명 쾌감일 것이다. 나도 그렇게 요리와 청소를 열심히 했던 적이 있다. 그러나 나는 키메라 현상이 강한 편이다. 나를 좀먹고 들어온 타자의 목소리가 머릿속에서 거품처럼 나타났다가 사라지기 일쑤다.

게다가 나는 ADHD가 함께 있어 충동성이 높다. 뇌 안에서 늘 수많은 생각이 달리고 있다. 준비 중 또는 집필 중인 여러 논문과 책, 담당하고 있는 여러 강의의 구상들. 서로 옥신각신하는 업무와 잡무에 대한 실망감. 지옥행 타임머신도 우렁차게 비명을 지른다.

이러한 것들을 안고 요리와 청소를 하고 있으면 순서를 생각하는 단계부터 내 작업기억력은 가득 차므로 작업이 끝난 뒤에는 아무것도 할 수 없다. 적어도 반나절, 때로는 며칠씩 영향을 받는다. 이런 이유로 나는 요리와 청소를 어려워한다. "할 수 있기야 한데……"라면서 눈물을 흘린다.

발달 일원 동료들의 조언을 듣고 나는 매주 도우미의 방문 돌봄을 받기로 했다. 집에 모르는 사람이 들어오는 것도 그렇고, 자폐인 중에는 생활 환경이 바뀌거나 새로운 일에 도전하는 것을 어려워하는 사람들이 있다. 내 경우는 ADHD가 함께 있기 때문에 모험적인 기질이 있어서, 불안하긴 했지만 다른 한편 두근두근하기도 했다. 가사를 일임할 수도 있지만 나는 함께 요리와 청소를 하는 생활 돌봄을 선택했다.

첫 방문에서 같이 청소도구를 구입해와 청소했을 때의 감격이 아직도 마음에 선명하게 남아 있다. 나는 20퍼센트 정도를 담당했을 뿐이지만 집 안이 눈 깜짝할 사이에 깨끗해졌다. 먼지떨이로 이곳저곳을 털고 방에 청소기를 돌리고 카오일본의 생활용품 브랜드의 퀴클 와이퍼로 닦아냈다. 욕조와 화장실도 깨끗하게 청소해주었다.

두 번째 방문 때는 부엌과 세면대 청소, 이불 세탁, 쌓인 채 방치해둔 옷 정리 등이 숙제였다. 이 시점에서 향후 시간을 들여 청소해야 하는 장소는 거의 사라져 있었다. 나는 또 한 번 감동했다. 세 번째부터는 요리도 부탁하게 되었다. 15년 만에 만든 돼지고기 감자조림의 맛은 잊을 수 없다. 네 번째 방문일에는 가동식 나무 선반에서 남은 목재를 조립해 DIY로 새 선반을 공동 제작했다. 깊은 만족을 느꼈다.

집을 방문해주는 도우미 A씨의 가족 중에도 발달장애인이 있다고 한다. 그래서 내 특성을 잘 이해해주어 불안하지 않다. 청소도 요리 기술도 두말할 나위 없어서 진심으로 감사한다.

95 자조모임

—

'발달장애'에 관하여 현재 의학이 할 수 있는 일은 한정되어 있다. 의사는 진단을 내리고 아주 일부의, 효과가 제한된 약을 처방할 수 있을 뿐이다. 발달장애를 근본적으로 '치료'하는 방법은 개발되지 않았다.

발달장애인 자조모임 활동은 의학이 해결하지 못하는 문제에 대처하기 위해 존재한다. 흥미롭게도 일본에서 활동이 가장 활발한 곳은 간사이 지역이다. NPO법인 DDAC(발달장애를 가진 성인들의 모임)는 2002년에 시작된 '간사이 핫 살롱'을 운영하고 있다. 큰 규모의 자조모임 '사카이 발달 친구의 모임'은 간사이 각 지역에 작은 그룹을 두고 있으며, 나도 교토에서 '달과 지구'라는 이름의 그룹을 운영하고 있다. 2020년에는 다양한 발달장애 자조모임을 경험할 수 있는 '발달 엑스포'가 오사카 나카노시마에서 처음 개최되기도 했다.

토마시나 보크먼은 자조모임에서 나누는 '경험적 지식'의 권위는 전문가 지식의 권위에 필적한다고 생각했다(1976). 실제로 자조모임에서 나온 발언은 의료와 복지 전문가들의 그것과 마찬가지로 당사자들에게 중요하게 받아들여진다. 프랭크 리스먼은 타인에게 도움을 제공할 때 조력자는 제공한 도움으로 인해 정신적 이익을 얻는다는 '조력자 테라퍼 원칙'을 발견했다(1965). 실제로 나는 자조모임을 운영하면서 정신적으로 크게 지지받고 있다.

도하타 가이토는, 돌봄은 환경을 바꾸고 치료는 개인을 바꾼다고 주장한다(2019). 이런 점에서 나는 독자적으로 이 세 가지 힘을 상보적인 것으로 여기고자 한다.

환경을 바꾸는 돌봄

개인을 바꾸는 치료

인간관계를 바꾸는 회복

이 세 가지 힘 중 어느 하나가 우위에 있는지가 문제가 아니라 삼위일체가 될 때 효능을 발휘한다고 본다. 그리고 자조모임에는 돌봄, 치료, 회복 세 가지가 모두 깃들게 된다고 나는 생각한다.

만약 의료나 복지 전문가라면 이처럼 대담한 견해를 펼칠 수 없을지도 모른다. 나는 자조모임에 관해 '장애 당사자'의 입장에서 위에서 언급한 경험적 지식을 말하고 있는 것이다. 이 경험적 지식을, 나는 이 책과 이 책의 바탕이 된 논문 집필이라는 실천을 통해 얻었다. 이 집필활동은 자조모임 활동의 연장선상에 있었다.

96 다시 한번 당사자 연구에 대하여

—

나는 내가 속한 자조모임에서 당사자 연구를 실천하고 있다. 구마가야는 당사자 연구를 다음과 같이 설명한다.

"자신의 힘을 과소 또는 과대평가하지 않고 ①바꿀 수 없는 자신의 패턴―패턴으로서의 생득적인 기대와 신체가 포함된다―을 신중하게 탐구할 것, 과거를 정직하게 돌아보고 ②기만이 섞이지 않은 자신의 역사 ― 선행 연구의 개념을 빌려 말하자면 좀더 진실된 자기 이야기 ― 를 써나가는 것은 무엇이든 등신대의 자신을 발견하고자 하는 시도다. 연구의 전제로 존재하는, 등신대의 자신을 여전히 완벽하게 발견하지 못했다는 '모른다는 것을 아는 능력'은 스스로를 타자의 시선과 해석, 지식을 추구하는 ③공동성으로 이끈다. 등신대의 자신을 바꾸려는 시도 없이 어느 정도의 패턴과 경험을 공유하는 ④자신과 유사한 타자와 함께 예측과 현실 사이의 오차를 축소할 수 있도록 서로의 '후천적인 기대'와 '예측(지식)'을 갱신하며, 갱신한 예측을 외부로 ⑤공개함으로써 사회가 널리 공유하는 규범과 지식을 갱신하는 실천이 가능해진다."(2020)

당사자 연구는 홋카이도의 '우라카와 베델의 집'에서 사회운동가 무카이야치 이쿠요시 등에 의해 개발되었고 최초의 실천자는 조현병 환자들이었다. 당사자 연구는 원칙적으로 그룹워크의 장場을 마련하고 당사자와 협력하는 동료들의 발언을 화이트보드 등에 쓰거나 그림으로 나타내는 양식을 취한다.

이를 발전시켜 구마가야와 아야야는 『발달장애 당사자 연구』 및 『재활의 밤』에서 '현상학적 당사자 연구' 또는 '장애의 자기 에스노그래피'라고도 할 수 있는 개념을 창안했다. 이 책은 그러한 시도를 독자적으로 계승한 것이라고 할 수 있다

인문학 분야에서는 보편성을 말하는 대부분의 자연과학 분야와는 대조적으로 개성에 대한 기술이 주목받는다. 그와 마찬가지로 '보편성을 목표로 하지 않는' 인간 연구가 당사자 연구의 과제라고 해도 좋다. 한편 우라카와 베델의 집에서는 '○○형 조현병'처럼 '자기 병명'이 즐겨 명명되고, 앞서 말한 현상학적 당사자 연구 또는 장애의 자기 에스노그래피에서는 의학 용어가 활용되고 있다. 즉 '당사자 연구는 의학적 정의에 위화감을 느끼는 한편, 자기만의 언어를 이어나갈 때도 의학과 개념적으로는 연속성을 유지한다'는 자연과학적 측면과도 무관하지 않다.

당사자 연구에는 당사자와 사회의 관계를 풀어나가는 실천적인 사회과학이라는 역할도 있다. 당사자 연구는 어디까지나 당사자를 위한 정신치료(심리치료)지만 동시에 인문학, 사회과학, 자연과학을 독자적으로 종합하는 독특한 지적 활동이라는 측면도 있다.

구마가야는 2020년 당사자 연구를 첨단 자연과학의 기법으로 확대하려는 시도를 발표했다. 이에 대해 나는 당사자 연구와 문학·예술의 관계를 설정했다. 또한 이 책을 완성하는 데에는 학문 활동뿐만 아니라 창작이라는 예술활동에도 빚이 있다.

이 책에는 피관찰자(나 자신)의 체험적 세계를 시적인 어조로 써나가는 일종의 창작적 측면(1장)과, 그것과는 대조적으로 해설을 통해 때로는 인문학적이고 때로는 사회학적이며 때로는 자연과학적인 해설을 첨부하는 다른 종류의 창작적 측면(2장)이, 그리고 소설 같은 문장의 집필이라는 또 다른 창작적 측면(3장)이 병존하고 있다.

97 오픈 다이얼로그와 당사자 연구

—

의존증 자조모임 중에 'HALT(홀트 또는 할트)'가 있다. 배가 고플 때hungry, 화가 날 때angry, 혼자라서 외로울 때lonely, 피곤할 때tired 의존증의 스위치가 켜지기 쉽다는 뜻을 담고 있다(アダルト·チルドレン·アノニマス, 2015).

여기서 열거한 네 요소 중 가장 피하기 어려운 것은 '혼자라서 외로울 때'이지 않을까. 애초에 인간관계가 얄팍하니 어느 하나에 집착적으로 몰두해 의존증에 빠진다.

인간관계를 넓혀 고립에서 벗어나는 것. 막다른 곳에 내몰린 마음이 회복될 수 있는 열쇠는 여기에 있다고 생각한다. 그런 점에서 오픈 다이얼로그(열린 대화)의 원리에 나는 공감한다. 오픈 다이얼로그는 핀란드에서 조현병 치료를 위해 생겨난 치료법으로, 당사자, 그 가족, 전문가가 대화를 거듭함으로써 복수의 목소리가 공존하는, 즉 미하일 바흐친이 말하는 폴리포니(다성성)를 실현해 당사자를 고립에서 해방시킨다는 것이다(齋藤環, 2015).

당사자 연구에서도 오픈 다이얼로그의 폴리포니가 실현되고 있다. 당사자 연구에서는 당사자, 사회자, 화이트보드 기록자, 당사자와 비슷한 문제를 안고 있는 동료들이 이야기를 나누며 집단지성이 업데이트되는데(國分·熊谷, 2020), 이것이야말로 폴리포니의 실현이라고 할 수 있기 때문이다.

나는 현재 교토에서 발달장애 자조모임 '달과 지구', 장애 등으로 힘겨운 소수자와 고민을 안고 있는 '보통 사람'들이 함께 참여하는 당사자연구회 '우주생활'을 운영하며 당사자 연구를 실천하고 있다. 발달장애인, 어덜트 칠드런, LGBTQ+, '종교 2세 신자'를 위한 당사자연구회 등을 개별적으로 개최하기도 한다. 발달장애인이 모여 문학·예술에 대해 말하는 모임, 자폐인에게 쾌적한 시간과 공간을 탐구하는 연구회, 몇 사람이 모여 발족한 '미니 오픈 다이얼로그' 모임 역시 늘 당사자 연구의 응용을 염두에 두고 운영 중이다.

나는 이런 활동에 참여하고자 하는 의지가 강해서 시작부터 반년이 지난 시점에 이미 모임 주최 횟수가 100회를 넘었다. 자조모임을 운영하고 참여하는 가운데 느끼는 다양한 어려움을 기록하는 작업을 지속해 몇 년 후에는 『발달 들쑥날쑥☆자조모임 만세!』(가제)라는 책을 펴낼 수 있다면 좋겠다.

당사자 연구에서 내가 배운 교훈은 수없이 많다. 개별적으로 얻은 지식은 이 책 전체에 걸쳐 쓰여 있으므로 당사자 연구 자체에 대해 생각해본 점 두 가지를 말해보려고 한다.

첫 번째는 당사자연구회를 주최하거나 참여하는 것은 그 자리에서 괴로움이 '무마되기'를 기대한 결과일지도 모르고 효과를 바로 느끼지 못하는 일도 있지만 그래도 참여하는 의의는 항상 있었다는 것. 당사자 연구에 참여하면 평소와는 다른 환경에 처하는데, 그것이 마음밭을 일구는 '돌봄'의 시작이다. 자기 연구와 타인의 발언을 참고해 자신이 처한 괴로움의 구조를 발견하고 삶의 방식을 자발적으로 변화시키는 '치료'가 발생한다. 당사자 연구 모임 동료들과 교류하며 배운 내용을 외부에서도 활용하고, 애써 의식하지 않더라도 그 영향이 지속되면서 인간관계가 변화하는 '회복'이 일어난다.

두 번째로는 당사자 연구를 실천할 때는 원한의 드라마에서 해방되도록 마음을 다할 것. 생각해보면 누군가를 또는 무언가를 증오할 때 그 이야기 회로에는 저주가 실려 풀리지 않기 때문이다.

당사자 연구는 중동태의 공간을 창조한다. 왜냐하면 그것이 자기 삶의 괴로움을 하나의 과정으로 해석할 수 있는 기법이기 때문이다. 이는 당사자가 몸으로 겪고 있는 문제를 가지고 다른 당사자들과 공동 작업을 함으로써 자신을 새로운 이야기 쪽으로 보내는 기법이라고도 할 수 있다. 내면의 성찰과 타인의 언어를 자신을 돕는 자원으로 삼아 새로운 이야기를 살아가기 시작하는 것이다. 앞으로 설명할 오픈 다이얼로그에도 같은 구조가 작용한다.

정말로 사는 것이 편안해질까 하는 의심만 들거나 원한의 감정이 가득한 채로 당사자 연구에 참여하는 동료들도 있는데, 나는 그들에게 특히 이 두 가지를 말해주고 싶다. 실제 모임에서 이 말을 건네기도 한다.

98 법의 역할, 당사자 연구의 역할
—

2020년 당사자 연구를 고발하려는 움직임이 있었다. 당사자 연구와는 관계없는 강제 성추행 사건이 발생했는데, 도쿄 이케부쿠로 소재의 커뮤니티 홈 '베델부쿠로'에 이 사건을 당사자 연구 문제로 처리하려고 한 스태프가 있었다는 것이다. 나는 상처받은 사람들의 마음이 구원받기를, 문제의 시설에서 자정 작용이 일어나기를 바라며 법적 차원에서 사건이 처리되기를 기대한다.

당사자 연구는 앞서 설명했듯 중동태의 공간을 창조한다. 구마가야가 강조하듯이 당사자 연구는 '범인 찾기'가 아니라 '메커니즘'에 집중한다. '범인 찾기'를 목적으로 하는 당사자 연구는 대부분 효과적이지 못하다. 그러나 법적 차원에서는 사정이 완전히 다르다. 법에서는 범인을 찾아야 한다. 사건에서 능동과 수동을 나누지 않으면 법은 실천적인 의미를 잃어버린다. 이처럼 당사자 연구는 당사자 연구의 차원에, 법은 법의 차원에 있다. 당사자 연구에서 취급해야 하는 안건은 당사자 연구이고, 법에서 취급해야 하는 안건은 법으로 취급해야 한다.

'베델부쿠로'의 모ば시설에 해당되는 우라카와 베델의 집은 기독교 정신과 깊은 연관이 있다. '베델'은 구약성서의 언어, 히브리어로 '신의 집'이라는 뜻이다. 그러므로 이와 관련해서는 신약성서의 한 구절을 인용하는 게 적절할 것이다.

그들은 예수님께 말로 올무를 씌우려고, 바리사이들과 헤로데 당원 몇 사람을 보냈다. "스승님, 저희는 스승님께서 진실하시고 아무도 꺼리지 않으시는 분이라는 것을 압니다. 과연 스승님은 사람을 그 신분에 따라 판단하지 않으시고, 하느님의 길을 참되게 가르치십니다. 그런데 황제에게 세금을 내는 것이 합당합니까, 합당하지 않습니까? 바쳐야 합니까, 바치지 말아야 합니까?" 예수님께서는 그들의 위선을 아시고 그들에게 말씀하셨다. "너희는 어찌하여 나를 시험하느냐? 데나리온 한 닢을 가져다 보여다오." 그들이 그것을 가져오자 예수님께서, "이 초상과 글자가 누구의 것이냐?" 하고 물으셨다. 그들이 "황제의 것입니다" 하고 대답하였다. 이에 예수님께서 그들에게 이르셨다. "황제의 것은 황제에게 돌려주고, 하느님의 것은 하느님께 돌려드려라."(「마르코 복음서」 12장 13~17절)

17. 문학과 예술

⋮

회수 시스템을 여는 문학과 예술

—

아야야는 내면의 트라우마와 관계없는 플래시백에서 비롯된 '나 홀로 반성회'가 열리고 그것이 다른 인격과의 '나 홀로 대화'로, 나아가 한낮의 꿈 같은 공상세계의 '이야기'로 발전한다는 것, 때로는 자기혐오의 연쇄를 의미하는 '슈토코수도고속도로라는 뜻으로, 도쿄의 도심순환고속도로를 말한다'에 빠질 때도 있다고 말한다(2008).

아야야와 같은 심리 구조를 갖고 나는 이를 '회수 시스템'이라 부른다. 이 회수 시스템이 발동하면 업무로 처리해야 할 일을 못하게 되거나 이노우에 다케히코의 만화 『슬램덩크』에 등장하는 정대만의 대사인 "왜 난 그렇게 헛된 시간을……"이라고 중얼거리며 무너져버리기 때문에 플래시백과 '나 홀로 반성회'가 연속되면 재빨리 단시간 감상을 통해 문학과 예술 속으로 스스로를 밀어넣은 다음, 그것을 도약 엔진으로 삼아 일상으로의 복귀를 꾀한다. 그러면 '나 홀로 대화'와 '슈토코'로 이어지는 회로는 끊어진다.

하지만 이 작업이 제대로 진행되지 않아 '슈토코'로 회수되는 일이 종종 생긴다. 나는 아야야가 말하는 '슈토코'를 '유쾌한 메리고라운드'라는 자학적인 이름으로 부르는데, 자기혐오의 수로로 흘러가버리더라도 이 순간이 나를 치유하기 위해 필요한 과정이라고 느끼기도 한다. 때로는 '지금 회전목마에 타고 있구나' 하고 나 자신을 분석하면서 자기혐오와 자기연민이 뒤섞인 감정을 즐기기도 한다.

그래도 진심으로 바라는 바는 문학과 예술을 감상하는 것이다. 유쾌한 메리고라운드보다 훨씬 더, 내 연약한 마음을 재생하는 데 도움이 된다.

100 문학과 예술을 통한 마음챙김

—

많은 문학과 예술은 내게 높은 차원에서 위로가 되어주었다. 문학과 예술로 정신의 고양감을 느끼는 것이 내 삶에서 무엇보다 큰

보람이 되었다. 또한 지옥행 타임머신의 운행을 저지하는 힘도 지니고 있었다.

트라우마에서 회복되려면 "정서적 뇌와 사이가 좋아져야" 한다고 지적하는 판 데어 콜크는 호흡 안정화로 과각성에 대처하는 것, '지금 여기'에 집중하는 '마음챙김mindfulness'을 활용하는 것, 누군가와 연결되어 관계를 갖는 것, 음악·연극·무용·스포츠 등으로 리듬의 공유와 동조를 활용하는 것, 신체의 긴장을 내보내기 위해 접촉하는 것, 무의식에 강제된 수동성을 해체하기 위해 행동에 나서는 것을 중시하고 있다(2016).

나는 문학과 예술로 과각성에 대처하고, 마음챙김을 경험하고, 화제를 공유할 수 있는 지인과 친구들을 만나고, 리듬의 공유와 동조를 향유하고, 책장을 넘기거나 영화관에 가거나 음반을 '디깅digging'하는 등 여러 활동과 접촉하며 행동에 나섰다.

창작물 중 어떤 것은 오락성이 강해서 우리를 시공의 저편으로 납치하는 역할을 하지만, 어떤 것은 예술성이 강해서 우리의 의식을 '지금 여기'로 붙잡아둔다. 트라우마와 강박으로 감정이 과잉이거나 부족할 때는 감정을 '건전한 중간 수준'으로 되돌리기 위해 안전한 장소로 착지grounding할 필요가 있는데(ナジャヴィッツ, 2020), 내 경우 좋아하는 문학과 예술은 말 그대로 '지금 여기'에 착지하도록 계속해서 도움을 주었다.

나는 당사자연구회를 포함한 자조모임이 갖고 있는 돌봄, 치료, 회복의 세 가지 힘이 문학과 예술에도 깃들어 있다고 주장한다. 문학과 예술에 '치유'의 힘이 있다는 주장은 순진하다고 여겨질지 모른다. 그것을 곧바로 문학적으로 증명하는 일은 어려울 수도 있다. 그러나 나는 문학과 예술을 사랑하는 '장애 당사자' 입장에서 문학과 예술의 힘을 전문적 지식에 필적하는 경험적 지식으로 말하고자 한다.

조금만 생각해보면 짐작할 수 있듯이 마음의 상처를 입은 사람은 창작물을 접할 때 에너지와 용기를 얻을 수 있다. 그때의 효과는 비록 작은 것이라도 확실한 치료와 요양인 것이다. 그 의의는 기존의 의료나 복지에서는 너무 과소평가되어왔다.

문학과 예술을 활용한 돌봄과 치료와 회복의 탐구는 전인미답의 땅으로 우리 눈앞에 펼쳐져 있다.

101 다중 스티그마

—

'스티그마'란 본래 '성흔聖痕'을 의미하지만 사회학에서는 '오명'을 뜻한다. 이 스티그마에 관해서는 논객에 따라 다양한 정의가 있으므로 이 책에서는 나도 독자적인 정의를 내려보고자 한다.

우선 스티그마에는 '사회적 스티그마'와 '개인적 스티그마'가 있다고 가정해보자. 사회적 스티그마란 개인에게 '그 여자는 나병 환자다, 가까이 가면 위험하다' '저 녀석은 게이니까 생산성이 없다' 등의 낙인을 찍으려는 사회의 운동성을 말한다. 개인적 스티그마란 개인이 사회적 스티그마를 받아들여 '나는 왕따 쓰레기다' '나는 세상에 도움이 안 되는 신체장애자다' 등 내면화된 의식의 내용을 가리킨다.

개인적 스티그마가 여러 개 모이면 '다중 스티그마'가 되기도 한다. 다중 스티그마에 삽입된 의미도 다종다양하지만(熊谷, 2018) 이 책에서는 개인적 스티그마가 마치 경단처럼 뭉쳐 있는 것을 다중 스티그마로 부르려 한다.

예컨대 '나는 레즈비언이고 비참하게도 생활 보호를 받는다' '나는 눈도 멀었고 학교도 안 가는 어쩔 수 없는 놈이다'와 같은 것이 스티그마다. 나는 '발달장애인이라는 지적 장애인의 동료'로서 '기분 나쁜 종교를 신앙하는 구 종교 2세이자 유치한 어덜트 차일드'이고 '성소수자 변태'라는 사회적 스티그마를 뒤섞어 내면화해버리는 바람에 다중 스티그마가 형성되었다. 이를 해체하고 해소하는 작업에 나는 매달리기로 했다.

어빙 고프먼은 『스티그마』에서, 스티그마는 폭로되면 당사자의 신뢰가 훼손되기 때문에 당사자는 이를 회피하기 위해 맹공격, 즉 자신에 대해 정보 조작, 은폐 공작을 하는 사례가 많다고 설명한다(1980). 이러한 부분을 읽으면 생각이 많아진다.

나는 오랫동안 내가 ASD/ADHD라는 것을 몰랐고 또한 어덜트 칠드런 문제가 나 자신에게 해당된다고 자각하지 못한 채 살아왔는데, 통제할 수 없는 정신적·신체적 어려움을 아무렇지 않은 듯 위장하고 내가 사는 곳에서 이른바 '연인 캐릭터'로 받아들여지기 위해 악전고투한 경험을 떠올린다. '미숙' '유치' '어른이 되지 못한 사람'으로 비하당할 일을 줄이기 위해서 머리를 기르고 나이 들어 보이는 안경을 쓴 채 매일 분장을 하며 지내왔다.

사이비 종교에 세뇌된 사실을 은폐하며 청년 시절에는 그 세뇌에서 헤어나오기 위해 종교와 신비 체험을 열심히 파고드는 나날을 보내놓고도 내가 그런 영역에 관심을 갖고 있는 건 어디까지나 학술적인 이유에서인 척했고, 때로는 사이비가 아닌 종교 교육을 받은 사람이라고 거짓말을 하며 괴로워한 적도 있다.

성 정체성과 성적 지향 때문에 방황하고 있다는 사실 자체에 스스로 당혹스러워하면서 동요를 숨기기 위해 LGBTQ+에 개방적인 입장을 표명하거나 성소수자의 지지자(엘라이)로 보이려고, 즉 내가 당사자로 보이지 않도록 궁리하느라 애쓰기도 했다. 그렇게 나는 다중 스티그마를 가진, 머리가 여러 개인 기형아처럼 살아왔다.

나는 문학과 예술로 다중 스티그마를 '달랠' 수 있었기에 이 혼란을 줄일 수 있었다. 특히 외국어와 고어를 현대 일본어로 바꾸는 번역 작업은 나를 자유의 시공간으로 초대해 다중 스티그마를 용해시켰다. 독자 형제자매님들도 꼭 한번 시도해보시길 바란다. 간단한 영문이든 고문이든 상관없으니 당신이 번역하고 싶은 글을 당신이 좋아하는 문체로 주조해보시길. 문학과 예술(오락 요소가 강한 것, 예를 들어 한국 드라마나 애니메이션도 좋다)에 대해 이야기를 나누고 그 매력을 타인과 함께 확인하는 것도 마찬가지로 다중 스티그마 해소에 효과가 있다.

나는 그렇게 오랜 세월을 지내왔다. 문학과 예술에 흠뻑 빠져 한 언어를 다른 언어로 번역하고 그 경험의 진수를 타인과 공유하는 것은 내 환경을 바꾸는 돌봄, 나라는 개인을 바꾸는 치료, 그리고 인간관계를 바꾸는 회복의 효과를 발휘했다.

현재는 자조모임 운영과 '나 홀로 자조모임'처럼 기능한 이 책, 이 책의 바탕이 된 논문의 집필을 통해 다중 스티그마를 점점 더 잘 달랠 수 있게 되었다. 당사자의 발언은 스티그마를 줄이는 효과가 있다고 한다(熊谷, 2020). 사카구치 도모히로 역시, 대부분 타인의 의견을 지나치게 받아들임으로써 무력감에 사로잡히므로 자신이 좋아하는 것을 소리 내어 말함으로써 밖으로 내보내는 활동이 자기를 위한 '약' 처방과 같다고 역설한다(2020).

문학과 예술을 통해서 자신을 바꾸고 타인과 연결되는 것. 안심할 수 있는 장소를 제공하는 자조모임에서 발언함으로써 개인적 스티그마를 줄이는 것. 그렇게 준비가 되면 외부를 향해서 발언함으로써 개인적 스티그마를 더 줄이고 사회적 스티그마를 해소할 수 있다. 무엇보다 중요하게는 문학과 예술에 대해, 그리고 자기 자신에 대해 말하는 내용이 충분한 진정성을 띠고 있어야 한다. 대충 무마되기를 바라고 말하면 자기 회복은 시작되지 않는다.

102『편의점 인간』

—

앞서 언급한 것처럼 나는 문학과 예술에 대해 이야기를 나누는 발달장애 자조모임도 운영하고 있다. 지금까지 다뤄온 작품 중에서 가장 반향이 컸던 것은 무라타 사야카의『편의점 인간』이다. 읽지 않은 발달장애인은 꼭 한번 읽어보기를 권한다. "유리 속에 있는 나를 느끼는" 주인공이 등장하는 2010년대의 일본 문학이다(村田, 2016).

첫 부분. "편의점은 소리로 가득 차 있다. 손님이 들어오는 차임 벨에, 점내를 흐르는 유선방송에서 신상품을 광고하는 아이돌의 목소리. 점원의 말과 바코드를 스캔하는 소리. 바구니에 물건을 넣는 소리, 빵 봉지를 잡는 소리와 점내를 걸어다니는 구두 힐의 소리. 모든 소리가 섞이며 '편의점 소리'가 되어 내 고막에 계속 닿고 있다."(2016) 여기서 자폐인은 자신의 청각과민과 동질의 감각을 알아차릴 것이다.

편의점에서만 일한다는, 동일성 유지에 집착하는 완고한 강박. "왜 편의점이 아니면 안 되는지, 보통의 취직 자리는 안 되는 건지 나도 알 수가 없었다." 그런 강박이 당신에게는 없는가.

그리고 갑자기 나타나는 영감.

그때 내게 편의점의 '소리'가 흘러들어왔다.

편의점 안의 모든 소리가 의미로 흔들리고 있었다. 그 진동이 내 세포에 직접 말을 걸어 음악처럼 울리는 것이었다.

이 가게에 지금 무엇이 필요할까, 머리로 생각하는 것보다 먼저 본능이 모든 것을 이해하고 있었다.

내게는 편의점의 '소리'가 끊이지 않고 들려왔다. 편의점이 되고 싶어하는 형태, 가게에 필요한 것, 그것들이 내 안에 흘러들어오는 것이었다. 내가 아니라 편의점이 말하고 있었다. 나는 편의점으로부터 하늘의 계시를 전달받고 있을 뿐이었다.

비슷한 경험, 당신의 기억에는 없습니까.

물론 전형적인 자폐인으로 느껴지지 않는 면도 있다. 주인공은 멀티태스킹을 요령 있게 소화하고 있는데, 이런 특징은 발달장애인에게는 드물다. 하지만 ADHD인은 과잉행동을 살려 멀티태스킹에 능한 사람도 있기 때문에 ASD와 ADHD를 동반 이환하고 있다고 보면 그렇게 무리한 이야기는 아닐지도 모른다. 나 역시 학부 시절에는 편의점에서 심야 아르바이트를 했다.

또는 어린 시절의 주인공이 공원에서 죽어 있던 어린 새를 보고 "아빠가 닭구이를 좋아하니까 오늘 이걸 구워 먹자"고 말하는 충동적인 장면. 오히려 사이코패스와 어울리는 묘사일 것이다. 우리는 주인공이 ASD와 ADHD를 동반 이환하는 캐릭터를 과장한 건지, 작가가 ASD와 사이코패스를 합성해 이런 캐릭터가 된 건지 모르겠다는 의견을 주고받았다.

이 작품에 대해서 발달 일원 동료들끼리 얘기하다보면 주인공에게 작가 자신이 어디까지 투영되어 있는가 하는 문제에 관해 다양한 억측이 나오긴 하나, 무엇보다 중요한 것은 이 소설에 "빠져들었다"며 예찬하는 자폐인과 ADHD인이 많다는 점이다. 삶에서 느끼는 어려움이 소설화되어 사회에 널리 수용됨으로써 자신이 '구원받은 듯한 느낌'이라고 말하는 동료도 있다.

18. 언어

⋮

언어 마니아의 언어둔마

—

우리는—자폐인도 대체로는 의식하지 않는 것이지만—평소 바이렁구얼로 살고 있다. 우리는 일반적으로 모어라 불리는 외형을 빌려 구축된 '자기어'로 표준 일본어를 왕복하면서 의사소통을 하고 있기 때문이다.

내게 모어는 자기어, 표준 일본어가 제1외국어, 오사카 사투리가 제2외국어였다. 많은 자폐인은 사투리를 어려워하고, 할 줄 아는 사람조차 표준어와 구별하는 데 애를 먹는다(松本, 2020). 내 사정도 별반 다르지 않아서, 오사카 사투리를 쓸 때는 '오사카 사람 캐릭터'를 연기해야 한다. 나는 영어가 제3외국어, 현재 대학에서 가르치고 있는 독일어가 제4외국어, 영어와 독일어 다음으로 능숙한 스페인어가 제5외국어인 셈이다.

그 밖에도 프랑스어, 이탈리아어, 포르투갈어, 아이슬란드어, 라틴어, 희랍어, 러시아어, 중국어, 한국어를 배웠다. 많아 보일지 몰라도 기초 교과서 수준에 그친 것도 몇 개 되고 일상적으로 운용 가능한 범위는 한정되어 있으므로 대부분 녹이 슬었다. 익숙지 않은 언어로 말하면 서로 섞이기도 하기 때문에 해외에서는 종종 '괴이한 외국인'이 된다.

아야야는 달과 식물을 친구 삼는 한편, 수화로 타인과 연결되고자 했던 일을 쓰고 있다(2008). 나에게도 달과 식물은 역시 친구였지만 여기에 더해 외국어로 타인과 연결되고자 했다. 내가 타인과 잘 교류하지 못하는 이유를 나는 '일본이 나에게 맞지 않아서'라고 추측하고 있었다. 이 추측은 틀렸다. 실제로 나와 타인 사이에 있는 것은 발달장애인과 정형발달인 사이의 단절이기 때문이다.

두말할 필요도 없지만 나는 어학 천재가 전혀 아니다. 표준 일본어조차 제1외국어이니만큼 종종 미숙하게 다룰 수밖에 없다.

—

자폐인은 농담을 이해하지 못하는 일이 잦다. 당시의 분위기나 문맥, 언어의 겉뜻과 속뜻을 중층적으로 잘 읽어내지 못하기 때문이다. 하지만 농담을 각별히 사랑할 때도 있다.

브라운스의 예를 보자. 성적이 좋으면 어려도 결혼할 수 있다고 바람을 넣은 친구의 말을 그는 완전히 믿어버린다(2005). 이 정도로 농담에 대해서는 감도가 약하다. 한편 그는 크로스워드 퍼즐을 제작하는데, 특별히 왼편 위쪽 모서리의 'MORIBUND(빈사 상태의)'와 'MALIGNOM(악성종양)'의 'I'가 교차되는 지점을 자랑스럽게 느낀다. 농담에 대한 감수성이 개성적인 것이다. 이를 보게 된 그의 어머니는 아들의 끔찍한 발상에 충격을 받고 울기 시작하더니 갈라진 목소리로 "너무한다. 너는 무신경하고 냉혹해"라고 말했다고 한다.

나도 젊은 시절 브라운스처럼 종종 정형발달인의 농담을 이해하지 못했다. 한편 개성적인 농담을 다룰 줄 아는 힘이 발달하기도 했다.

발달 일원에 있다보면 성적인 농담을 보거나 듣는 일이 잦다. 여성 발달장애인도 성에 관한 화제를 자주 입에 올린다. 남녀 둘이 있을 때 성적인 농담을 하는 ASD나 ADHD 여성도 있다. 가끔은 성적인 의도 없이 '그냥 말하고 싶어서 말하고 있을 뿐'이기도 하다. 이 점을 잘 이해해두지 않으면 성범죄가 일어나기 쉬우므로 발달장애인과 가까운 사람들은 신경 써주기를 바란다. 물론 그 상황을 역이용하려 하는 것은 논외다. 거듭 '뇌의 다양성' 개념이 더 널리 알려지길 바라게 된다.

우리는 정형발달인과는 농담의 '포인트가 다를' 뿐만 아니라 많은 사람이 느끼거나 생각하지 않는 것을 생각하거나 느낀다. 모어인 일본어가 제1외국어이기에 아무래도 제대로 표현할 수 없는 일이 많다.

자폐인은 사적 언어, 특이한 표현, 신조어 등을 좋아한다고 한다(Volden, 1991). 나도 그렇다. 이 책에서도 수중세계, 무수한 소용돌이, 기억의 아웃소싱, 순수수, 광합성, 움직이는 동물원, 잡담 생존자, 키메라 현상, 훌쩍훌쩍 모드, 큰 과집중과 작은 과집중, 지옥행 타임머신, 사방세계, 회수 시스템, 유쾌한 메리고라운드 등 독자적인 표현을 자주 사용해왔다.

나는 일본 작가 중에서는 특히 오에 겐자부로와 무라카미 하루키에게 애착을 느끼는데, 그 이유 중 하나는 그들에게서 나와 같은 언어 양태를 보았기 때문이다.

오에의 『새로운 사람이여 눈을 떠라』『홍수는 내 영혼에 이르고』『하늘의 괴물 아구이』『만엔 원년의 풋볼』『손수 나의 눈물을 닦아주시는 날』『타오르는 푸른 나무』『우리의 광기를 극복할 길을 가르쳐주오』 등은 작품명만 봐도 흥분해서 숨이 찰 지경이다.

무라카미의 「돌베개에」『여자 없는 남자들』「개구리 군, 도쿄를 구하다」『신의 아이들은 모두 춤춘다』『4월의 어느 맑은 아침에 100퍼센트의 여자를 만나는 것에 대하여』『세계의 끝과 하드보일드 원더랜드』『화요일의 여자들』「녹색 짐승」「장님 버드나무와 잠자는 여자」 등도 마찬가지다.

내가 하이데거를 좋아하는 것도 같은 이유에서 비롯된 점이 크다. 그는 현존성, 세계-내-존재, 염려, 정태성, 피투성이, 시간성, 역사, 사건, 몰아세움, 사방세계 등의 새로운 표현을 주조하거나 기존 언어에 독자적인 의미를 주입한다. 다만 그의 이러한 독자 노선이 나치즘 지지와 통할지도 모른다고 생각하면 불안하지만.

105 안팎이 없는

—

거짓말에 서툰 점 때문에 자폐인과 ADHD인은 고민이 많다. 대화에 맞춰줄 수 없기 때문이다. ASD의 경우는 '단선적 사고' 때문에 중층적인 구조 파악이 어렵고 본질적인 것만을 말하고 싶어하는 경향이 있기 때문이라고 여겨진다. ADHD의 경우는 부주의와 충동성 특성이 원인일 것이다. 겉뜻과 속뜻으로 제대로 나누어 소화하는 것이 나는 가끔 어렵다.

많은 자폐인은 다변이고 일부 자폐인은 선택적 함묵증을 앓고 있다. 나 역시 다변과 무언이 병존한다. 그랜딘은 "사람이 말을 한다는 사실은 완전히 이해하고 있었지만 내 반응은 한정적이었다. 대답하려고 해도 말이 거의 나오지 않았다. 그것은 말더듬증과도 비슷하다"고 말한다(1994).

너무 잘 안다. 나는 피곤하면 바로 언어의 겉뜻과 속뜻을 구분하지 못하게 되고 긴장한다. 긴장하면 입을 다물고 아무 말도 하지 않게 된다. 그러한 상황에서 필요하더라도 무리해서 말을 하려고 하면 미약하게 더듬는 증상이 나타난다.

말의 속뜻을 파악하는 의사소통은 피곤하기 때문에 나는 종종 '인칭을 포함해 그대로 따라하기'를 사용한다. DSM-5에서 ASD 진단 특징으로 "자신에 대해 '너'라고 칭하기"라는 예가 제시되어 있는데, 이런 증상은 들은 말을 '안팎'으로 나누어 운용하지 않기 때문에 생기지 않나 싶다.

예를 들어 나는 "마코토 씨는 어때요?"라는 질문을 들으면 "마코토 씨는 슬슬 가봐야겠다고 생각하던 참이었습니다"라고 답하고, "선생님, 지금 시간 있으세요?"라는 질문을 들으면 "네, 선생님은 지금 시간 있으세요"라고 답하기도 한다.

이럴 때는 농담이 섞여 있기도 하지만 에너지를 절약해 쾌적해지는 효과도 있다. 자폐인에게 반향어가 있는 이유는 혹시 '언어 운용상 연비가 좋아서'라는 요소가 있기 때문일지도 모르겠다.

106 이 책의 구상 과정
—

이 책은 본래 논문에 포함된 민족지ethnography였다. 자기어로 쓰는 나 자신의 이야기를 먼저 집필하고, 그 글에 자세한 주해를 달았다. 이를 가필해서 이 책의 1장과 2장이 완성되었다. 나는 따로 흩어진 내용을 정리한 주해를 111개의 칼럼으로 재편성하고 2장으로 삼았다. 그런 다음 개별 칼럼을 자기어로 다시 해석한 시를 써서 1장에 배치했다. 1장은 변형 일본어인 자기어로 말하는 나, 2장은 제1외국어인 표준 일본어로 말하는 나다. 이 분열은 나의 내면에 그대로 대응된다.

나의 일차적인 사고방식을 따라 말하면 1장에서 쓴 어조가 된다. 그것은 '뇌의 다양성'을 사는 소수파에 속하는 이들의 언어 양태라고 해도 무방하다. 그러나 우리는 이 언어 양태가 다수파에게는 통하지 않는다는 사실을 경험상 잘 알고 있다. 심지어 우리 사이에서도 상호 간에 통하지 않기 때문이다!

즉 우리는 우리의 공통 언어를 갖고 있지 않고 우리 한 사람 한 사람의 고유 언어가 내장되어 있다. 그 결과 자기 자신의 언어를 공통 언어로 변환하지 않으면 의사소통의 문은 닫혀버린다. 말하자면 우리는 우리의 고유 언어를 제1외국어인 '정형발달인의 일본어'로 번역해야 한다. 그러면 2장과 같은 글쓰기가 나타난다.

말더듬이 심한 사람은 더듬을 것 같은 단어를 예측해 유사어로 바꾸거나 국어사전의 설명문과 같은 어휘를 쓰거나 애매한 표현을 쓰며 농담으로 넘기려고 하는데(伊藤, 2018), 우리 자폐인들도 비슷한 작업을 끊임없이 시도한다. 또는 그러려고 하다가 실패한다.

실패를 피하기 위해서는 대화 템플릿을 많이 준비해두는 방법이 있는데, 템플릿에 따라 특정한 '캐릭터'를 연기해야만 하는 상황이 오고 '성공 팁'에만 몰두해 무엇을 위해서 그 캐릭터를 연기하고 있는지 알 수 없어지는, 말을 더듬는 이들에게도 공통되게 나타나는 고민이 생긴다.

또한 자폐인에게는 종종 감정표현 불능증(알렉시티미아)이 따라온다. 알렉시티미아로 인해 나는 내 감정을 좀처럼 언어화하지 못한다. ASD와 감정표현 불능증의 상관성은 fMRI를 통한 뇌 스캔으로도 확인되고 있다(Silami, 2008). 감정표현 불능증은 '감정을 알아차리는 문제는 공감성, 또는 상상력·공상력 등과도 깊은 관련이 있다'(小牧, 2020)고 알려져 있고, ASD의 경우 공감성이나 상상력의 특수성이 지적되므로 이 부분에 감정표현 불능증의 원인이 숨어 있을지도 모른다.

나아가 어덜트 칠드런의 전형적인 문제로서 "악몽 같은 어린 시절부터 감정을 억압해왔고 그럼으로써 심각하게 상처받기 때문에 자신의 감정을 느끼고 표현할 수 없게 되었다"(アダルト・チルドレン・アノニマス, 2015)는 사실이 있으므로 내 감정표현 불능증에는 이런 원인도 있을 수 있겠다. PTSD 환자의 일부는 감정표현 불능증으로 고통받고 있다는 발표도 있는데(Frewen, 2008), 이 역시 나와 관련 있을 가능성도 존재한다. 나는 논문에서 출발해 이 책에 다다르는 작업을 통해 내 감정표현 불능증을 무너뜨리는 데 성공해왔다.

자폐인과 ADHD인은 다변인 경향도 있다. 감정표현 불능증과 다변은 언뜻 반대되는 경향으로 보일 수 있지만 감정표현 불능증 때문에, 즉 자신의 감정을 파악하기 어렵기 때문에 말수를 줄여서 현실을 이해하고자 할 가능성이 있다. 반면 자기어를 정형발달 세계의 언어로 번역하는 작업을 할 때는 '의역'을 해야 하기 때문에 말수가 는다. 이때는 내게도 다변의 기질이 있다. 그 기질을 잘 활용해 2장을 완성했다.

1장의 자기어에는 ASD/ADHD 아동으로서의 과거 내 목소리가 섞여 있다. 이는 발달장애인으로서의 정신적 젊음(또는 유치함)

과 관련 있지만, 한편으로는 내가 어덜트 차일드로서 이른바 '내면 아이 작업'을 해온 것이 반영되었을지도 모르겠다. 몇 살을 먹든 자기 내면에 어린 시절의 자신이 있다는 것을 자각하고 이름 붙여주며 불러주고 응답해주면서, 지속적으로 말을 걸어 그 아이의 실재를 몸과 마음으로 느끼는 것이다. 내면아이의 욕구에 귀 기울이고 채워주고 저주의 말로부터 지켜주고 위로하고 격려하고 희망에 넘치는 말을 돌려받으며 그 아이와 공생한다(伊藤, 2020). 나는 이 작업을 해왔고 어린 시절의 '마코토'에게 1장의 시적 언어로 말을 걸고 그 아이로 하여금 말하게 했다.

1장과 2장은 내 생의 한 가지 현실을 다른 각도에서 재현한 것이라고 말할 수 있겠다. 두 부분은 상보적인 성질을 갖고 있으며, 서로 합쳐질 때 내가 나를 등신대의 나로서 보여줄 수 있다. 마지막 3장은 1장과 2장에서 표현할 수 없었던 내용을 보완한다.

¹⁰⁷ 자폐인의 상호텍스트성

—

말하기를 통한 돌봄과 치료에서는 당사자의 삶이 '텍스트'로 짜여 있다는 사실이 명백히 드러난다. 그러나 ASD 때문에 통합적 인격이 약한 나는 나 자신이 텍스트이면서 '상호텍스트성'을 갖고 있다고도 느낀다.

상호텍스트성이란 본래 줄리아 크리스테바의 용어인데, 그 자체로 독립적으로 쓰이며 다양한 연구자들에게 인용된 문학비평 용어다. 나는 한 문학작품의 텍스트가 다른 문학작품의 텍스트를 인용하거나 암시했을 때 상호작용으로서 번개처럼 내리치는 '의미의 반짝임'을 상호텍스트성이라 부르고 싶다.

태내에 자리한 온갖 사상과 관념, 문학과 예술을 텍스트라 하고, 이 텍스트를 양수처럼 감싸줄 배경을 맥락이라고 생각해보자. 모든 인간은 맥락 속에서 몸을 씻으며 다양한 텍스트를 흡수한다. 텍스트와 텍스트는 서로 호응하며 상호텍스트성을 가동시킨다. 그러면서 텍스트, 맥락, 상호텍스트성의 총체인 한 인간이 생성되어 간다.

자폐인은 짐작건대 상호텍스트성이 평균보다 더 많이 발생하는 듯하다. 왜냐하면 흡수한 텍스트가 키메라 현상을 일으켜 지옥행 타임머신을 제조하므로 다수파의 방법으로는 인간의 모습이 만들어지기 어렵기 때문이다.

이러한 자폐인의 내면에서는 아주 많은 이질적인 목소리로 짜인 폴리포니가 발생한다. 다만 대부분의 경우 이것은 제어되지 않는 '실패한 폴리포니'가 되어 울리고 있다. 그것이 통제되어 '성공한 폴리포니'를 낳을 때 자폐인은 창의적인 성공을 거머쥘 것이다.

19. 미래

⋮

108 ## 꿈의 DSM-10

—

현재 국제적인 '장애' 이해의 모델을 제공하는 WHO 국제기능장애분류ICF는 다음과 같이 설명한다. 장애의 이해에는 의료적 모델과 사회적 모델이 있다. "장애라는 현상을 개인의 문제로 인식하고, 질병·외상과 기타 건강 상태로 인해 직접적으로 발생하는 것으로서, 전문가의 개별적인 치료라는 형태의 의료를 필요로 한다고 본다"는 것이 의료적 모델이며, '장애를 주로 사회에서 만들어진 문제'로 보고 '장애는 개인에게 귀속되는 것이 아니라 모든 상태의 집합체이자 그 대부분이 사회 환경에 의해 만들어지는 것'이라 보는 것이 사회적 모델이다. 그리고 ICF는 '이 두 가지 대립하는 모델의 통합'을 목표로 한다(WHO, 2002).

이러한 모델에 대응하듯이 우리 일원은 종종 발달장애가 그 자체로는 장애가 아니라는 의견을 표명한다. 우리에게는 정형이 아닌 발달 특성(들쑥날쑥한 발달)이 있고 그것이 환경에 부적응을 일으킴으로써 실질적인 발달장애가 출현한다는 개념이다. '발달장애'의 요인을 개인의 특성에서만 찾는 의료적 모델도, 환경에서만 찾는 사회적 모델도 아닌, 개인과 환경의 불일치라는 통합성에서 찾는다는 점은 장애의 이해에 있어 국제적 표준이 될 만하다.

실제로 이와 같은 장애의 이해가 DSM-5에 영향을 미치지 않는 것은 아니다. DSM-5에서는 ASD의 진단 기준으로 "이러한 증상은 사회적, 직업적 또는 다른 중요한 현재의 기능 영역에서 임상적으로 뚜렷한 손상을 초래한다"를 제시하고, ADHD의 진단 기준으로는 "증상이 사회적 또는 직업적 기능에 뚜렷한 손상을 야기한다"는 점을 들고 있다.

이는 DSM-5가 개인에게서 장애를 발견하는 것으로 만족하는 의료적 모델뿐만 아니라 사회적인 체계 안에서 장애가 가시화될 때 비로소 장애로 진단받아야 한다는 사회적 모델을 미약하나마 채택하고 있다는 것을 의미한다. 무엇보다 DSM-5에서는 그 경향성이 '설익은 듯' 분명치 않은 데다 원칙적으로는 의료적 모델의 성격이 농후하다는 사실은, 장애의 발생 원인을 개인에게서 찾고 있는 위의 인용문으로부터도, 이미 몇 번이나 지적한 일방적인 태도로부터도 명백하다.

의료적 모델과 사회적 모델의 통합은 상당히 설득력 있는 견해이긴 하다. 그러나 자칫 장애의 절반이 사회의 책임이고 절반은 개인의 책임이라는 이론을 도출해 DSM-5처럼 문제의 발생 원인이 궁극적으로는 개인에게 강제 귀결되는 결말을 불러일으킬 수 있다. 나로서는 개인과 환경의 부적응에서 장애의 발생 원인을 찾는 데는 동의할 수 있지만, 원칙적으로 발생 원인을 사회가 억제해야 한다고 생각한다. 따라서 그와 같은 '사회적 모델'의 강화가 이루어짐으로써 신경다양성이라는 개념이 널리 인식되어야 한다.

그러면 미래의 DSM, DSM-6나 DSM-7의 이상적인 형태는 무엇일까. 사회적 모델을 다수 채택한 내용이 되어야 할까. 물론 바람직하게는 그 부분이 선행되어야 할 것이다. 발달장애의 발생 요인을 당사자의 내적 취약성이 사회의 미흡함과 갈등을 일으키기 때문이라고 기술해야 한다는 것이다.

그러나 나는 더 먼 미래의 DSM-10 시대를 꿈꾼다. 그 책에는 이미 '발달장애'(신경발달증후군)가 수록되어 있지 않고, 그 시대에는 이 명칭 자체가 다른 형태로 바뀌어 있다. 과거 『DSM-Ⅱ』 제5쇄까지는 동성애도 정신질환으로 수록되었지만, 1974년 제6쇄에서는 삭제되었다(Spitzer, 1981). 이와 마찬가지로 발달장애도 마침내 정신질환으로 간주되지 않는 미래를 말하고 싶다.

발달 일원에는 자신의 발달 특성을 자각하고 자기 이해를 심화해 사회와 충돌을 빚지 않도록 환경을 먼저 조정하려는 시도가 가장 중요한 과제라는 의견이 지배적이다. 나도 자기 이해의 중요성에 이견은 없다. 무엇보다 당사자 연구는 자기 이해를 심화하는 최적의 수단이다. 그러나 사회 변혁에 대한 희구가 없다면 궁극적인 해결은 이루어지지 않는다. 단기 및 중기적인 목표로서는 자기 이해를, 장기적 목표로서는 사회 변혁을 목표로 하는 이중 작전이 필요할 것이다.

¹⁰⁹ 모두가 다양성을 살고 있다

———

다양성이라는 말을 의심쩍게 느끼는 독자들이 있을지도 모르겠다. 이 책의 편집자인 시라이시 마사아키도 "저는 '다양성'이라는 말에 약간의 경계심이 있습니다"라고 말했다. "상정 범위 내의 변주'로서의 다양성은 다양성이 아니다" "'다양성'이라는 말로 무마될 수 있는 범위를 넘어선 현실"에 눈을 돌려야 한다(白石, 2019). 백퍼센트 동감한다. 내가 생각하는 '뇌의 다양성'도 상정 범위 바깥의 온갖 것을 포함한 다양성이기 때문이다.

내가 신경다양성을 지지하는 첫 번째 배경은 차별을 당하는 쪽이 오히려 사회운동에 나설 수밖에 없는 전통적 구조에 의거한 것이다. 이 이념을 나는 구마가야에게서 배웠다.

구마가야는 뇌성마비 당사자들의 장애인 해방운동단체 '푸른 잔디 모임'을 이끈 요코쓰카 고이치와 각별한 추억이 있다. 요코쓰카는 다음과 같이 썼다(2007).

"우리 장애인의 의식 구조는 장애인이 아닌 사람을 고통도 괴로움도 없는 완전한 인간처럼 착각하고, 정상인을 지상 목표로 삼는 것으로 완성되어 있습니다. 즉 정상인은 옳고 좋은 것이며 장애인의 문제는 틀렸기 때문에 단 한 걸음이라도 정상인에 가까워지고 싶은 겁니다." "이상 말씀드린 것처럼 나는 이 의식 구조를 정상인 환상이라고 이름 붙여보았습니다. 이와 같은 정상인 환상을 불식시키지 않으면 진짜 자기주장은 불가능하다고 생각합니다."

"소설가든 조각가든 또는 화가든 각각의 분야에서 자신의 세계를 만들고 있습니다. 그것은 이해받는 것이라기보다는 그 작품을 가지고 세상에 자신의 질문을 던지는, 또는 강렬한 자기주장을 쏟아내는 것이라고 할 수 있지 않을까요."

"우리 뇌성마비 장애인은 다른 사람에게는 없는 독특한 것이 있다는 사실을 깨달아야 합니다. 그리고 그 독특한 생각 또는 관점을 쌓고 그 위에 우리 세계를 만들어 세상에 질문을 던질 수 없다면 그것은 진짜 자기주장이라고 할 수 없을 듯합니다."

'푸른 잔디 모임'의 주장도 '뇌의 다양성' 운동도, 1960년대 흑인해방운동이 '검정'은 더러운 색, 죽음을 연상시키는 불길한 색, 악마의 색이라고 여기는 전통적 미의식에 대항하여 'BLACK IS BEAUTIFUL(검정은 아름답다)'을 표어로 반차별을 외친 데에 공명한다. 이는 장애인의 세계관 제시를 전면으로 이끌어낸 해방운동이다.

신경다양성 운동은 많은 경우 정형발달인을 향한 장애인의 권리 요구 운동으로 전개되고 있다. 이는 우리 소수자가 '정상인' 대 '장애인'이라는 구도를 무너뜨리기 위해 사용하는 표현이다. 21세기 초반에 신경다양성 운동에서 화제가 된 웹사이트는 아스퍼거 장애인의 반대선상에 있는 정형발달인을 다음과 같이 희화화했다.

"정형발달증후군은 뇌 생리학상의 장애로서 사회 문제에 대한 몰두, 우월성 망상, 동조에 대한 강박관념으로 특징지어진다. 정형발달인은 종종 그들의 세계 경험이 유일한 것이거나 유일한 해답이라고 생각한다. 정형발달인은 혼자 있는 것을 어려워한다. 정형발달인은 종종 타인의 섬세한 차이처럼 보이는 것에 관용적이지 않다. 정형발달인은 집단 내에서는 사회성이나 행동이 경직되고 자주 기능부전 또는 파괴적인 행동을 하며, 나아가 있을 수 없는 형식에도 집착하는데, 이는 집단의 정체성을 유지하기 위한 것이

다. 정형발달인은 직접적인 의사소통을 힘들어하고 자폐스펙트럼
장애인에 비해 거짓말을 훨씬 더 잘하는 경향이 있다."

"정형발달은 유전에서 유래하는 것으로 여겨진다. 검시 해부에
따르면 정형발달인의 뇌는 자폐스펙트럼장애인의 뇌보다 작고 사
회적 행동에 관한 영역이 지나치게 발달해 있을 가능성이 있다."

"안타깝게도 1만 명 중 9625명이 정형발달이라고 한다."(Engdahl,
2002)

그러나 나는 신경다양성을 발달장애인에게만 한정해서 생각하
지 않는다. 정형발달인도 모두 '뇌의 다양성'을 살고 있다고 본다. 모든
인류가 상호 교류하고 지구인의 문화를 풍요롭게 발전시켜나간다
면 근사한 세상이 되리라는 꿈을 꾼다.

우리 발달장애인이 정형발달인에게 공헌할 수 있는 일은 많다.
발달장애인은 강박과 과잉행동의 특성을 살려 연구직이나 IT 산
업, 예술계 등에서 또는 영업이나 비즈니스 분야에서 활약할 수 있
다. 또한 다른 삶의 방식을 제시할 수도 있다.

아야야는 자신의 공상세계에 대한 탐닉을 의미하는 '이야기'에
대해서 "그 세계는 명확하기 때문에 이야기가 재생될 때는 현실세
계에 있을 때보다 '세상과 분명히 연결감을 갖고 살고 있다' '나는
여기에 존재해도 된다'는 감각을 훨씬 더 강하게 맛볼 수 있을 거

다. 확실히 식물이나 달이나 하늘과 대화할 때의 나는, 어느 때보다 더 '나'답다"고 말한다. "내게는 식물이나 하늘이나 달과 연결되어 있는 감각이 있다. 마음이 잘 맞고 열려 있고 차오르는 즐거움과 만족감이 있다"고도 말한다.

나도 비슷하다. 탁한 수중세계를 벗어나 순수수와 푸른 반짝임을 얻는 것, 나를 식물로 다시 파악하는 것, 가까이에서 우주를 느끼는 것, 지복의 경험을 맛보는 것 등을 나는 인생의 보기 드문 기쁨이라고 생각한다. 정형발달인의 일부도 이런 가치관에 매혹되지 않을까. 자신들도 그런 것을 제대로 경험하게 해달라고 욕망하게 되지는 않을까. 그런 사람들을 늘리는 작업을 나는 내 인생 최대의 과제로 생각하고 있다.

나는 결코 의학의 진보를 얕보지 않는다. 언젠가 의학이 뇌의 다양성 또는 뇌의 일원성을 실현하는 수준에 도달할 가능성도 있다. 그렇다 해도 나는 그 일원성보다는 '뇌의 다양성'이 받아들여지고 환경 조정이 지원되는 시대에서 최대의 행복을 발견한다. 나와 동료들은 정형발달인은 얻을 수 없는 다양한 경험을 하고 있다. 그 경험이 갈등을 낳지 않는 사회를 재창조하는 것이 타당한 해결책일 것이다.

모든 사람들이 행복해질 수 있도록.

특별한 재능이 있는 아동을 의미하는 '기프티드gifted'라는 말은 발달 일원에서 종종 화제에 오른다. 특별지원교육 분야에서는 재능과 발달장애를 함께 가진 아동을 의미하는 '2E(이중으로 예외적)'가 주목받고 있다. 마쓰무라 노부타카의 다음 의견에 나는 전적으로 찬성한다.

"2E 교육 이념을 통해 교사와 부모가 아이를 변화시키고자 하는 열정은 숭고하다. 그러나 조력자는 장애나 재능을 지적해 그것을 바꾸고자 하는 것이 아니라, 바뀌지 않아도 괜찮은, 바뀌어서는 안 되는 측면을 유지하며 좀더 살아가기 쉬운 환경을 제안·정비하는 것을 목표로 해야 한다. 이런 점이 학교, 학교 밖의 교실 또는 가정에서 이루어지는 2E 교육 또는 발달다양성을 가진 사람들을 배려하는 사회가 갖춰야 할 좀더 확장된 이념이라고 할 수 있다. 지금도 어려움에 처해 있는 2E 아동들은 환경이 달라지면 쉽게 재능을 발휘할 수 있기 때문이다."(松村, 2018)

신경다양성 운동은 2015년 UN에서 채택된 "어느 한 사람 낙오되지 않도록"을 표어로 내건 '지속 가능한 개발목표SDGs'와도 합치한다. 쓰쿠바대학은 "SDGs를 넘어서—함께 만드는 미래사회"라는 목표를 내걸고 고교 교육에서의 신경다양성 실현에 관한 연구를 추진하고 있다. 쓰쿠바대학의 움직임이 전국의 다른 대학에도 퍼져나가기를 바란다. 지금 능력을 꽃피울 수 없는 많은 2E 학생이 구원을 받을 것이다.

한편 나는 지능지수의 은총이 내리지 않은 동료들도 중요하게 여긴다. 자조모임을 운영하면서 자폐인과 ADHD인뿐만 아니라 학습장애나 지적장애가 함께 있는 많은 동료를 만났다. 나는 그들에게 냉담할 수가 없다. 발달 일원에 있으면서 기쁜 점 가운데 하나는 이곳이 학력이나 편견으로 나뉘지 않는 세계라는 점을 몇 번이고 실감할 수 있다는 사실이다.

국제 의료 영역에서 지적장애는 신경발달증후군(발달장애)의 하위 분류로 되어 있고, 상위 분류의 신경발달증후군과 각종 신경질환이 같은 선상에 자리하고 있다. 사법 영역에서는 지적장애인에게 치료교육수첩이 발행되는 데 비해 발달장애인에게는 각종 정신질환자에게 발행되는 정신질환자 보건복지수첩이 발행된다. 지적장애와 발달장애의 관계에 대한 이해가 일본의 의료와 사법 분야에서 서로 다른 셈이다.

신경다양성과 관련해 "중등도의 지적장애가 있는 자폐인 등에게서 신경다양성을 발견하는 것은 무리가 있고, 신경다양성은 운 좋은 자폐인들의 자기만족적 주장이다"라는 의견도 있다. 지적장애가 없는 경우만 신경다양성의 범주에 넣어야 한다는 견해(Jaarsma,

2012)는 어느 정도 설득력이 있다. 일정한 장소나 가정 내에서 중등도의 지적장애를 가진 자폐인, 경도의 지적장애를 가진 자폐인, 평균적인 지능을 소유한 자폐인, 우수한 자폐인, 천재적인 능력을 소유한 자폐인 중 복수의 특성을 갖고 있는 경우, 그들을 별도의 그룹으로 묶는 데는 거부감이 들 수도 있다. 그러나 정형발달인도 중등도의 지적장애가 동반된다면 특별한 개입 지원의 필요성이 있으므로 자폐인 역시 그와 마찬가지라 할 수 있다.

이렇게 쓰는 이유는 지적장애가 있는 동료를 외부로 배제하려 함이 아니라 한층 더 까다로운 특성을 가진 당사자에게는 그에 걸맞은 지원이 필요하다고 보기 때문이다.

신경다양성 개념이 널리 인식되지 않은 현재의 단계에서 불가결한 장애인 지원이 중단되는 일은 결코 일어나선 안 된다. 신경다양성을 인정하는 사회는 다양성을 유지하기 위해 필요한 지원 체계를 갖춘 사회라고 생각해야 한다. 앞서 썼지만 정형발달인도 그들이 살기 편안한 세계가 구축되는 형태로 혜택을 받았다는 사실을 잊어서는 안 된다.

ⅲ '뇌의 다양성', 이상적인 현실을 위하여

나는 현재 신경다양성 개념을 보급하기 위한 유니버설 디자인과 인클루시브 디자인, 문제의 당사자가 관여하는 공동 창조에 관한 연구회를 동료들과 운영하고 있다. 바뀌어야 하는 것은 반드시 물리적 디자인만이 아니다. 통념, 규범, 가치관, 언어 운용 등 구성원들의 정신상의 디자인도 바꿔나가야 많은 이가 살기 편한 세계가 만들어진다.

구마가야는 쓴다. "당사자 연구는 소수자들이 자신의 경험 속에서 반복되었거나 서로의 경험 속에서 반복되어온 패턴을 발견하고 그것에 새로운 언어를 부여함으로써 언어의 보편적인 디자인을 실현하는 실천이라고도 할 수 있을 것이다."(2020)

'언어의 보편적인 디자인'을 실천하는 것으로서 당사자 연구가 일상에 널리 보급된다면 우리를 포함해 많은 사람의 삶이 편안해질 수 있다. 가족 구성원이나 친구, 연인 간에 서로 당사자 연구를 실천에 옮기고 당사자 간의 새로운 상식, 새로운 규칙을 창조해가는 것이다.

신경다양성 개념이 목표를 달성하려면 당사자 연구만으로는 부족하다. 먼저 이 개념이 우리 사회에 필요하다는 점을 호소하는 방법밖에 없다. 휠체어 이용자가 단차가 없는 길을 필요로 하듯이,

농인이 텔레비전 자막과 수화 통역을 필요로 하듯이, 발달장애인도 배리어 프리 환경을 요구하는 것과 마찬가지라는 사실이 널리 알려지길 바란다.

신경다양성이 정형발달인의 요구까지 포용할 수 있다는 점도 인지시켜야 한다. 바이섹슈얼 여성이 사회의 편견 때문에 괴롭다면 그와 같은 편견이 없는 사회를 만듦으로써 많은 이가 편견에서 해방될 수 있다. 강박장애 남성이 당사자 간의 연대를 어려워한다면 소수자 연대가 쉬운 사회를 만듦으로써 다수 역시 편안해질 수 있다. 관용적인 사회가 될수록 인간이 살아갈 사회적 분위기도 매우 편안하게 바뀌어갈 것이므로.

3장
소설풍의

이제 막 눈을 뜬 그는 너무도 졸린 표정을 짓고 있다. 눈을 감은 채로 "졸린데"라고 중얼거린다.

"졸려조올려 졸려졸려졸."

그는 일어선다. 체형은 그가 선호하는 캐릭터 '무민'을 닮았다. 머릿속을 들여다보면 물속에 잠겨 있는 듯한 느낌을 평소보다 더 많이 느끼고 있다.

화장실로 가서 이를 닦는다. 다시 머릿속을 들여다본다. 아마도 그가 이를 닦는 습관을 들인 건 이십대 이후. 매일 샤워를 하는 습관이 붙은 건 삼십대부터. "발달장애인도 발달한다."

혼잣말을 중얼거린다. 사십대에는 어떻게 '발달'하려나.

이 집은 물건들로 넘쳐난다. 컬렉션 룸의 구석에 생활 공간이 있는 느낌. 이전에 살던 집은 셀 수 없이 많은 물건이 눈사태를 일으키듯 무너져 쓰레기장을 방불케 했다. 그에 비하면 이곳은 꽤 깔끔하다. 책, 레코드판, CD, 잡동사니, 티셔츠, 장난감, DVD 등이 다수 진열되어 있지만 한눈에 알아볼 수 있으니.

그렇기는 하지만, 그건 그가 수집한 것들을 되도록 손대지 않고 있기 때문이다. 건드리면 바로 어지러워진다. 쓸고 닦는 청소는 도우미 A씨의 손을 빌리지 않으면 제대로 해낼 수 없다.

그는 갖가지 자랑스러운 아이템과 진품들을 바라보며 황홀해한다. 실물과 똑같이 생긴 사람 손 모양의 액침 표본, 과학실에 놓여 있을 것만 같은 인체 혈액순환계 모형, 송곳니를 솜씨 좋게 도려낸 살쾡이 박제, 어설프지만 개성적인 그림이 그려진 인도산 접이식 테이블, 다이쇼 시대에 만들어진 여성용 약의 쑥색 호로 간판금속에 유약을 발라 광택을 낸 옥외용 광고판, 전쟁의 한가운데에서 군인 소년이 직접 만든 '3인의 자폭 특공대' 파친코 기계, 러시아에서 구해온 꽁치 그림이 그려진 천주머니, 살아 있는 듯한 미소녀의 구체관절인형.

그는 이미 수집활동을 그만둔 상태이지만 처분할 기미는 없다. 처분하면 방에 빈 공간이 생길 테고 그러면 다시 사 모을까봐 두렵다.

그는 혼잣말을 많이 한다. 소리 내어 말할 때도 있고 그렇지 않을 때도 있다. 그는 혼잣말을 '혹시 모를 상황에 대비한 대화용 템플릿' 작성 작업이라고 생각한다. 타인과의 의사소통이 어려운 그는 자기 나름의 정형적인 표현을 평소 부지런히 모아두었다가 돌려막기 용으로 쓴다. 마치 기계장치나 잘 만든 인공지능처럼.

이를 닦고 나서 그는 다카야마 다타리주로 공포·호러 장르를 그리는 일본의 만화가의 캐릭터가 그려진 티셔츠를 입고 냉장고에서 꺼낸 명란 바게트를 전자레인지에 덥힌다. 아침 식사는 156일 연속 명란 바게트.

'티셔츠는 매일 다르니까 아침은 매일 똑같은 것도 괜찮잖아.'

그는 다시 혼잣말을 한다. 어제는 만화 『두근두근 투나잇』, 그제는 영화 「샤이닝」, 그 전에는 앤디 워홀의 티셔츠를 입었다. 그리고 청바지.

그는 일 년도 더 전에 H&M에서 똑같은 검정 진을 세 벌 구입해 매일 돌려 입다가 결국 일 년 동안 같은 옷을 입었다. 관혼상제 같은 일에 참석할 것 같지도 않고 슈트는 입어본 적도 없다.

'나는 미니멀리스트거든.'

또다시 혼잣말. 물건은 많아도 '미니멀'한 인상을 중요하게 생각한다는 듯이.

맥북에어의 아이튠스로 음악을 튼다. "쿠오오오오오" 하고 바닷속 음향이 울리고 그 소리를 찢어놓을 듯이 전자음으로 만든 생물

의 울음소리가 섞여든다. 밍크돌고래가 울고 있다. 그는 필드 레코
딩을 이상적인 음악 장르라고 여긴다. 중앙아메리카 원주민이 타악
기로 강물 소리를 연주하는 곡이나 캄보디아의 라디오 체조, 아제
르바이잔의 동요 등도 즐겨 듣는다. 물론 일반적인 유행곡도 듣는
다. 며칠 전에는 '킹 누'의 「당신은 신기루」를 여섯 시간 넘게 연속
백 번 이상 들었다.

지금은 똑바로 누워 만화 『전과자』전과자들의 사회 복귀를 돕는 보호사
의 분투를 그린 가카와 마사히토의 사회파 만화를 읽으며 전신을 달달 떨고
있다. 몸 전체로 장대하게 복을 털어내고 있다는 생각이 들자마자
벌떡 일어나 플라밍고처럼 자세를 취하고는 "피라미드 파워!" 하고
작은 소리로 외친다. 이번에는 부랴부랴 테이블로 향하더니 테이블
위의 종이에 "피라미드 파워!" 자세의 자화상을 그려나간다. 너무
나 만족스러운 얼굴로.

피라미드 파워

그는 자주 여러 단어를 중얼
거린다. 지금은 "Tyger Tyger,
burning bright"라는 윌리엄
블레이크의 시 한 구절, 영화
「제멋대로 떨고 있어」(원작 와타
야 리사)에서 마쓰오카 마유의
결정적 대사 "멋대로 떨고 있

든가!", 콘솔 게임 「페르소나 5 더 로열」에 나오는 "다락방의 쓰레기"라는 공격적 대사. 몇 번이고 몇 번이고 중얼거린다.

그는 일어서서 화장실 쪽으로 걸어간다. 하지만 그는 직진하지 않는다. 화장실 앞에 멈춰 섰다가 되돌아와 눕는다. 4초 후 또다시 일어난다. 방 안을 어슬렁거리다가 무릎을 껴안고 앉았다가 다시 일어나 화장실 앞까지 갔다가 들어가지 않고 돌아왔다가 다시 간다. 무언가에 자극을 받은 듯 움직이고 있다. 동물원의 생명체들과 매우 흡사하다.

※

약 먹는 걸 잊은 모양이다. 그는 테이블 위의 캡슐을 삼키고 있다. ADHD 약인 스트라테라. 정확하게는 그 약의 제네릭, 성분명 아트목세틴. 이 약을 먹으면 그의 수중 세계는 농도가 떨어진다.

일어서서 책장에서 『푸시킨 시선집』의 원서를 빼들고 넘겨본다. 번역의 시작. 그는 러시아어에 자신이 없어서 독일어 대역판을 사용한다. 누워서 책의 페이지를 펼쳐놓은 채로 러시아어를 보고, 독일어를 보고, 인터넷에서 이런저런 검색을 하며 번역해나간다.

아득해지는 순간을 떠올린다

내 앞에 네가 나타났다

사라지는 환상처럼

순수한 아름다움을 체현하는 듯

그는 이른바 로맨티스트. 순정만화에 나오는 '운명적 만남'의 모티프에 약하다. 자폐인 사람은 일반인보다 고독에 더 강하다. 그러나 그만큼 터무니없이 고독해지기 쉽다. 그 결과 상식에서 벗어난 연대감을 동경하고 만다.

그는 다시 일어서서 베르길리우스의 『농경시』를 책장에서 꺼냈다. 라틴어도 어려워하기 때문에 역시 독일어 대역판을 사용한다. 라틴어를 보고, 독일어를 보고, 인터넷에서 이런저런 검색을 하며 번역해나간다.

그러나 올리브는 가지 삽목이 좋다.

포도는 취목이 적합하다.

베누스 여신이 관장하는 미르틀은

단단한 가지로 삽목하기.

물꽂이로 자라는 건 견고한 개암나무와

커다란 물푸레나무, 그리고

그늘을 만들어 헤라클레스에게 왕관을 받은 포플러 나무와

유피테르 신부의 떡갈나무다.

바다의 재난을 만난 전나무도 물꽃이 어울린다.

하지만 야생딸기에는 호두나무의 어린 가지를 접목한다.

열매를 맺지 않는 플라타너스가 건강한 사과나무를,

너도밤나무가 밤을 키운다. 오르누스 물푸레가 배나무의

하얀 꽃을 피웠고 떡갈나무 열매가 열렸다고 하니, 돼지들은

그것을 느릅나무 아래에서 부숴 먹었다.

그는 꿈꾸는 듯한 표정이다. 몇 번이고 역어를 확인해보고 구두
점을 더했다가 뺐다가 하며 분재를 만지듯 작업에 매진하고 있다.
그는 식물을, 정확히는 식물의 이미지를 각별히 사랑하는 사람.

"돼지들은…… 그것을 느릅나무 아래에서 부숴 먹었다……."

그는 기쁜 듯이 마지막 부분을 소리 내어 읽었다.

"돼지들은…… 부숴 먹었다!"

그는 몹시 감동한 나머지 뒤집힌 목소리로 나지막이 내뱉는다.
섹스할 때 절정에 도달한 듯한 목소리. 물살이가 땅 위에서 끊임없
이 몸을 뒤집듯이 양발을 재게 움직인다. 발광이 의심되는 소행이
라 여겨진다.

"돼지……."

다시 행복한 듯이 중얼거린다.

그는 잠시 아이폰으로 트위터를 보고 있다가 몇 건의 트윗에 '마음에 들어요'를 누른 다음, 눈을 감고 몸을 돌려 눕는다. 아마도 화장실에 가고 싶은 게 아닐까. 아까 막 일어났을 때는 작은일만 보았다.

그는 자신을 달래듯이 혼잣말을 하고 있다.

"분명 그건 신경 쓰이는 부분이긴 하지만, 진실로 판명되는 건 그로부터 실로 350년이 경과한 후의 일이었다."

그는 머릿속에서 또다른 자신과 자주 대화를 나눈다. 마치 만화처럼, 연극의 독백처럼. 그 모습을 살짝 들여다봅시다.

＊

'물론 며칠 전에 A씨가 와주셨으니까 더러운 방은 아니야. 더러운 방은 물론 아닌데, 머리맡에 벌써 책이 쌓여 있잖아. 아베 신이치의 『생생한 아름다움을 찾아서』, 후지코 후지오Ⓐ의 「나의 분열된 꽃 피울 때」가 연재된 『COM』, 가도타니 미치오의 CD 「썩어가는 텔레파시들」. 어떻게 된 거야, 이건?'

'후후후. 알면서! 나에 대해선 너도 잘 알 텐데. 지금 나는 조현병에 대한 관심으로 흥미진진. 이것들은 그 자료다! 크하하하하.'

'아니야! 나는 그런 걸 말하고 있는 게 아니라구. 더러운 방으로

변할 징조가 이미 있지 않느냐고 말하고 싶은 거다!'

'뭐, 괜찮지 않겠나. 이봐, 새로 아베 가이타의 『물의 아이들』을 꺼내볼까. 너 예전에 이 그림책을 흥분해서 읽었지. 물속에서 생명체들이 신나게 춤추는 장면이 시작되자마자 넋이 나가서는 말했잖아. 아아, 이렇게 좋다니…… 사랑스럽고 사랑스러운 세븐틴, 이라고.'

'야, 그만햇! 그런 말 하지 마! 오에 겐자부로의 「정치소년 죽다」를 꺼내다니, 이 무슨 파렴치한. 그보다 목마르다구! 스트라테라는 앗, 목이 건조해!'

'어디 보자, 냉장고에서 꽝꽝 언 코카콜라 제로를 꺼내올까. 어때? 마시고 싶어? 아니면 야채 주스? 아니면 콜라를 소망해?'

'그, 그만둬. 너 항상 물, 물 운운하면서 시끄러운 주제에 물이라도 자주 마시면 어디 덧나? 맨날 기호식품만 찾고, 뭐하는 짓이냐.'

'후후후. 스트레스가 쌓이기 쉬운 우리는 기호식품에 충분히 기대어 살 필요가 있다구.'

'무슨 소리. 아니, 너 그래서 9일 전부터 점심은 맨날 카레라이스냐! 집에서는 A씨가 알려준 야채 듬뿍 카레라이스, 밖에서는 코코이치반야의 햄버그 카레. 용서가 안 돼, 그건 용서가 안 돼. 계속 살찌잖아!'

'홋, 잠깐. 야채 듬뿍 카레라이스랑 햄버그 카레. 두 종류로 잘 돌려가며 먹고 있잖아. 문제없음! 게다가 밤에도 번갈아가며 잘 먹고 있어. 어젯밤에는 닭고기튀김, 그저께 밤에는 흰단팥빵, 그끄저께 밤에는 봉지 과자 '카루'! 그 전날 밤에는 닭고기튀김, 그 전전날 밤에는 흰단팥빵, 또 그 전날 밤에는 봉지 과자 '카루'! 그 전날 밤에는 닭고기튀김, 그 전날 밤에는 흰단팥빵, 그 전날 밤이 봉지 과자⋯⋯.'

'그만해라 진짜! 밤엔 그 세 메뉴를 한 달 넘게 계속 먹고 있잖아. 너란 남자는 어찌나 한심한지. 아, 이런 놈인 걸 이제야 알았다니.'

'크하하하하, 이미 때는 늦었다! 하지만 걱정 마라! 술자리 있는 날은 다른 것도 많이 먹으니까 영양 부족은 없다. 나를 믿어라.'

'믿겠냐! 술자리라니, 너 그런 데 안 가잖아! 아니, 거의 초대도 못 받잖아!'

'네 말이 맞다. 하지만 오늘 그 드문 술자리가 있는 날이다. 정확하게는 바비큐 모임이 있어! 내 발달 동료들이 초대해줬지!'

'큭큭, 일어나서 숄더백을 어깨에 걸쳤군. 너는 신발 하나를 사면 그것만 몇 년이나 신는 체질이지. 사는 건 항상 숄더백. 잃어버리지 않으려고 안 쓰는 것도 들고 다니려는 습관이 있지! 색깔은 청록색이고⋯⋯.'

'거기까지 말할 필요는 없잖아! 너무 파랗지 않은 부근의 색을

선택하는 게 멋질 거야.'

'뭐가 그리 투명하게 우쭐하는 표정이야! 창피하지도 않아? 뭐가 너무 파랗지 않고 멋지냐. 방 안에는 파란색, 하늘색만 잔뜩이고, 이건 완전히 여자애들 팬시 룸이잖아.'

'훗, 짖고 싶은 만큼 짖어보라지.'

'크악, 이 자식, 서둘러서 신발 신고…… 서, 설마 벌써 나갈 생각인가?'

'물론이지. 좋아하는 이 파란색 뉴발란스 운동화를 신고!'

'기다렷! 그렇게는 안 되지. 그렇게 서둘러 나가서 어쩌려고! 그러다 넘어져!'

'하하하핫. 잘 보라고, 내가 계단을 비틀비틀 내려가는 모습을! 이거 봐, 나는 점점 물속에 잠기고 있어! 바다에 도달할 거야!'

'그만둬. 비틀거리면서 계단을 급하게 내려가는 건 그만해. 지난번에도 넘어져서 엑스레이 찍었잖아.'

'과거에 미야자와 겐지는 시에서 노래했다. 클램본_{미야자와 겐지의} 「야마나시」에 등장하는 의미 불명의 단어은 뻐끔뻐끔 울었다, 라고.'

'응? 반향어야?'

'그렇지, 나는 계속 반향어가 나오니까. 내려간다, 내려간다. 계단을 점점 내려간다. 이거야말로 「내려가며 사는 법」_{구라누키 겐지로 감}_{독의 2009년 영화}이네!'

'그만! 너 그러고도 인간이냐. 계단 내려가는 거랑 베델의 집 슬로건을 똑같은 걸로 취급하지 마!'

'흐음, 내 머릿속에서는 지금 「소녀혁명 우테나」에 나오는 J. A. 시저의 곡이 흐르고 있다!'

'허, 허헉. 그렇다면.'

'지금 깨달은 거냐! 이것이 바로 ADHD 뇌의 주의산만이다!'

'이런, 정말 어떻게 해야 하나!'

'걱정하지 말라고 말하고 있을 텐데. 이미 아파트 밖에 나왔는걸.'

'너! 무사히 계단 내려왔다고, 너 같은 게 안심해도 된다고 생각하는 거냐.'

'훗. 언제나 그랬듯이 복사뼈를 우둑우둑 꺾으며 걸어줄 테다. 다리 어딘가가 안 좋은 사람 같겠지? 하지만 그렇지 않지. 이것도 강박행동이다. 왜 이렇게 걷는지 알고 싶나?'

'아니, 이미 알고 있지. 다리 근육이 뭉치는 걸 풀면서 걸으면 계속 피로하지 않게 걸을 수 있거든!'

'훗! 알고 있었군! 그럼 해볼까!'

'몇십 번이나 들었으니까.'

'나야말로 인류 궁극의 꿈, 영구 기관을 실현한 사람인 것이다!'

'너는…… 바보냐?'

'하—하핫, 그만 웃어! 이봐, 나 정말 몸 조종 못 하지 않냐. 몸 끝부분이 바로 어딘가에 쏠리거나 부딪히거나 하지. 아—하하핫. 다가오는 자전거에 부딪힐 뻔했잖아.'

'왜 그리 무모하게……'

'무모하기 그지없게, 인생은 단 한 번!'

'버스 왔다! 너 뛸 수 있어?'

'설마! 서두르면 일을 그르치잖아.'

'좋아, 천천히 걷는 거다. 마음이 놓이네.'

'아, 근데 바로 다음 버스 타도 될 것 같아.'

'이 버스가 비어 있어.'

'이런 이런, 앉을까.'

'아앗. 할아버지다! 할아버지가 왔어! 자리를 양보해줬으면 하는 것 같다.'

'뭐라고? 나도 '장애인'이라고! 앉을 권리는 있어.'

'무슨 말이야! 너 어디까지 거만하게 굴 거야.'

'애송이가 지저귀네! 뭐, 여긴 기분 좋게 양보하기로 할까. 시선 맞추고 활짝 웃는 것까지는 가능하니까!'

'역시 너는 기본적으로는 괜찮은 놈이야. 역시 나는 나다.'

'훗, 비행기 태우지 마. 그냥 뇌 속 대화인데도 부끄럽다, 인마.'

'아하, 아야야 씨가 말하는 '나 홀로 대화'로구나. 나도 모르게

계속하게 된다. 대화가 시작될 것 같으면 되도록 책을 읽든가 영상을 보든가 해서 무산시키려고는 하는데.'

'뭐, 가끔은 방법이 없지. 최근엔 조금 지쳐서 말이야. 뇌 속 대화에 약점을 잡힐 만한 틈이 있었다. 하지만 알아차려라, 플래시백이 오고 있어.'

'아, 알고 있었어.'

'훗, 그런데 너, 플래시백을 지옥행 타임머신이라고 이름 붙인 건 네 나름으로는 굉장한 센스 아니냐. 그 네이밍 센스는 다시 봤다.'

'나름이라니, 말이 좀 심하네.'

'욱 하지 마. 음, 우리는 언젠가는 좋은 트라우마 치료법이 개발되기를 바라보자.'

'아, 그렇지.'

'음.'

✳

그의 점심 식사는 결국 열흘 연속으로 카레라이스. 버스에서 내린 후 코코이치반야로 가서 햄버그 카레를 주문했다.

최근 그는 자신이 전에 없이 사교적이라고 생각한다. 오늘의 바비큐 자리도 그랬지만 어제는 '발달장애 바bar 튤립'에서 '당사자

연구 바'를 주최했다. 공동 주최한 솔레이유 씨, 이 기획을 마련해
준 이세 씨, 그리고 손님들도 즐거워 보였다. 그가 화이트보드에 먼
저 쓴 것은 언제나처럼의 '규칙'.

나 자신으로서, 함께
경청
비밀 유지 의무
입·퇴실 자유
자신에게도 타인에게도 친절하게
타인을 부정하지 않기
설교하지 않기
윗사람처럼 소언하지 않기

'나 자신으로서, 함께'는 당사자 연구의 표어. 경청은 칼 로저스
가 보급한 전통적인 '카운슬링 마인드' 기법. 비밀 유지 의무와 입·
퇴실 자유는 AA 등의 자조모임의 표준 규칙. '자신에게도 타인에
게도 친절하게'는 인지행동치료 기법의 원칙. 그리고 그가 운영상
중요하다고 생각하는 세 가지 '하지 않기'까지.

그가 먼저 제안한 것은 '발달 특성의 외재화'를 해보자는 것. 참
가자 한 사람 한 사람과 각자의 발달 특성을 표현하는 특별한 이름

을 고안하는 것이다. 베델의 집에서 실천 중인 '자기 병명 붙이기'의
응용.

멀티태스킹 못해 군
분위기 파악해 양
너무 과잉행동 맨
하이퍼 수다쟁이님
과집중 괴물

그는 말한다. 이들 발달 특성은 당사자의 인격과는 별도의 '손님'
이라고 생각해보자고. 당사자는 이 귀찮은 손님이 성가시게 하더
라도 통제하려고 노력하는 '정의의 편'이고, 이런 특성을 인격과 혼
동해 자신의 성격을 부정하는 것은 통제할 수 있는 유일한 수단을
짓밟는 것이나 마찬가지다, 라고.

그런 다음 그는 참가자의 간단한 질문에 함께 대답해보는 시간
을 갖는다. 나온 질문은 다섯 가지.

"콘서타, 스트라테라, 인튜니브. ADHD 약을 모두 시험해봤는데
다들 어떤 부작용을 겪고 있어?"
"실직한 지 얼마 안 돼서 지쳤어. 발달장애인에게 장기근속 가능

한 일은 어떤 게 있어?"

"휴직하고 장애후생연금 신청에 통과되려면 어떤 작전을 써야 돼?"

"도우미를 쓰고 싶은데, 먼저 어디에 상담 받아야 돼?"

"미진단이면 어떻게 병원을 찾아야 해?"

모두가 힘을 합쳐 착착 답해나간다. 그리고 당사자 연구의 본프로그램이 시작된다. 다뤄본 주제는 일곱 개.

"일할 때 실수가 많은데, 직장에 이해해주는 상사가 있어서 늘 죄송스러워. 어떻게 감사를 표해야 할까?"

→ "고맙다는 말을 하기 위한 연구"

"연애 상대에게 자꾸 의존하게 되고, 그 사람이 나를 귀찮아해서 버림받았어. 몇 번이나 그랬어. 어떻게 하면 의존 기질을 버릴 수 있을까?"

→ "연애 의존에서 벗어나는 연구"

"언니의 ASD 특성이 나보다 강해. 꼭 자조모임에 데려오고 싶은데, 꿈쩍도 안 하네."

→"웰컴 투 자조모임 연구"

"내가 장애인이라는 걸 부모님이 받아들여주지 않는데, 어떻게
하면 알아주실까?"
　→"부모를 단념하게 하는 연구"

"청각과민 때문에 환기팬이나 냉장고 소리에 가위 눌려서 괴로
워."
　→"잡음을 극복하는 연구"

"여자인데도 항상 여장하고 있는 기분이야, 어떻게 좀 해줘."
　→"탈脫여자로 여장하기! 연구"

"나는 아직 젊은데 일본의 미래는 암울하고 노후가 걱정돼 죽겠
어."
　→"지금을 사는 연구"

　대학 강의에 익숙한 그는 당사자 연구 퍼실리테이션을 원활하게
진행하고 있었다. 하지만 판서할 때의 글씨는 유치원생을 떠올리게
한다. 행사는 성공적이어서 귀갓길에 이세 씨와 솔레이유 씨에게서

같은 이벤트를 다시 해보자는 말을 듣고 그의 얼굴에 웃음꽃이 피었다.

점심 식사 후 전철을 탄 그는 숄더백에서 쓰시마 류타의 만화 『섹스 의존증에 걸렸습니다』를 꺼내어 읽는다. 인터넷에 무료 연재되던 때부터 그는 이 만화의 애독자. 그가 자조모임이라는 존재를 알게 된 것도 이 작품에서였다. 설마 자신이 '신'이나 '상위 존재'와 관계될 줄은 상상도 못 했던 모양이지만.

그는 평소에는 변덕스러운 사람. 하지만 한번 몰입하면 엄청난 기세로 빠져든다. 무거운 것이 물속으로 가라앉듯이 투입되기 때문에, 또는 그가 항상 자신은 물속에 있다는 세계관을 갖고 있는 것은 이런 몰입감도 관련 있기 때문이 아닐까.

그는 정말 얼빠진 사람. 이번에도 만화에 빠져 있다가 내릴 역을 지나쳐버렸다. 자신에게 완전히 실망한 표정을 짓고 있다. 어젯밤에는 참가자에게 "자신의 특성과 성격을 분리하자"고 역설해놓고 지금은 스스로를 책망하고 있다.

*

교토의 집에서 세 시간 걸려 한신지구 바비큐장에 도착한다. 그는 발달 일원의 동료들과 합류했다. 끊임없이 주변을 두리번거린다.

부드럽지 않은, 어색한 움직임.

지금 그는 '에스'라는 것에 대해 생각한다. 그의 말에 따르면 '에스'는 전체적인 상황에도, 그의 몸에도, 그의 무의식에도 작용한다. 지금 그는 머릿속으로 '에스'를 의인화하며 즐기고 있다.

그는 생각한다. 에스가 하늘에서 서서히 명도를 낮추기 때문에 자기 주변의 시야가 어두워져간다. 에스는 산 너머에서 어둠이 군청색으로 잠겨드는 모습을 자기 시야로 비추기 시작한다. 그 아름다움에 흥분되어 그는 자신의 심장을 격렬하게 고동치게 하고, 동공을 열고 콧구멍도 넓히려고 한다.

에스는 비도 내리게 한다. 후드득후드득 내리게 한다. 바비큐 불이 꺼지지 않을 정도의 이슬비. 에스는 으스스하게 추울 정도로 공기를 조절해서 그의 피부는 식어가지만 기온 차에 민감하지 않은 그는 자신의 몸이 너무 식었다는 사실을 깨닫지 못한다.

미스터 도넛 씨, 마로 씨, 래피드 씨, 란 씨, 느림보 씨, 비둘기 씨 등이 즐겁게 바비큐 공간에서 저마다 역할을 하고 있다. 그는 말없이 하늘의 군청색 여운을 즐기면서 에스에 대해 계속 생각한다. 에스는 일대에 향기를 불러일으키고 바람을 불게 해 장작불을 흔든다. 그것이 자신을 황홀하게 하고 입안에 군침이 고이게 한다고 그는 생각한다. 내가 꿀꺽 하고 침을 삼키고 싶기 때문에 에스는 곧바로 나로 하여금 침을 삼키게 한다.

나는 거의 다 먹으려고 하지만 에스가 그걸 원활하게 넘겨줄 만큼 만만치는 않다고 그는 분석한다. 칠칠맞게 고기와 채소 조각을 땅에 떨어뜨린다. 그는 에스가 자신의 몸을 불완전하게나마 제어하고 있다고 생각한다. 맥주를 꿀꺽꿀꺽 마시면서 에스가 알코올에 대한 갈망을 조절하고 있구나 하며 웃고 있다.

그는 재미있는 농담을 던지려고 하지만 안타깝게도 삐끗한다. 이에 대해서도 그는 에스 탓이라고 생각하고 싶은 모양이지만 그건 이상하다. 내가 보기에 이 건에서 에스는 어떤 관여도 하지 않았다. 책임은 오직 그에게 있다. 그가 발음할 때 살짝 더듬은 것은 에스의 소행이지만.

소금 씨가 농담을 하자 소금 씨의 아내인 윤 씨가 태클을 건다. 주변 사람들이 폭소를 터뜨린다. 화기애애한 대화가 그곳의 소음을 키운다. 시치킨 씨가 음악도 틀었다. 일대는 소음투성이가 되어 에스 때문에 나는 소리의 홍수 속에 있어, 라고 그는 중얼거린다. 미도 씨와 슬론 씨, 두 사람의 얼굴을 헷갈리면 안 된다고 그는 다짐하고 있다. 헷갈리면 에스 탓이다, 라고 그는 물론 생각한다. 아카네 씨, 란 씨, 미야마 씨, 매콜 씨도 에스 때문에 동일 인물처럼 보여서 구별하지 못하게 된 거다, 에스 이놈! 하고 호통치면서도 부루퉁하다.

바비큐가 끝나고 집으로 돌아갈 시간이 다가오고 있다. 술을 마셔서 조금 비틀거린다. 에스가 평소 이상으로 나를 비틀거리게 한다고 생각하며 그는 걷고 있다. 에스 자식, 이상한 타이밍에서 성욕을 일으키지 않았으면 좋겠는데라고 그는 문득 생각한다.

하지만 최근의 그는 예전처럼 불끈불끈하지 않는다. 젊은 시절에는 하루에 몇 번이나 자위를 하고 애인과 성관계를 하며 다섯 시간 동안 상대를 애무한 적도 있지만 지금의 그는 이미 성욕 감퇴기에 있다. 물론 그 자신은 성욕이 감퇴하고 있는 것은 스트라테라의 부작용에 불과하다고 큰소리치고 있지만.

그는 방으로 들어갈 때 휙 하고 자세가 무너지면서 넘어지고 만다. 통증을 느끼는 것은 에스의 소행이다, 라고 그는 생각한다. 그는 눈물을 머금고 있다. 자신이 너무나 불행하다는 얼굴이다. 세상의 가장 밑바닥에 있는 타인의 불행은 머릿속을 스치지 않는 걸까.

밖에 있었을 때 그가 밤의 어둠 속에서 맛보고 있었던 건 물속에 있는 듯한 기분. 지금 이렇게 실내에 있어도 물속에 있는 건 마찬가지. 밝은 조명에 비춰지면 농도가 다른 물속에 있다고 그는 느낀다. 그는 항상 물속. 욕조나 수영장에 들어가면 진짜 물의 세계에 있고 그렇지 않을 때는 가짜 물의 세계에 있다, 고 느낀다. 물은 그의 주위에서 영원히 흔들리고, 그의 몸을 둥실둥실 떠오르게 하고, 마음을 간지럽힌다. 그는 에스가 온몸, 온마음을 다해 자신을 물속에서 감싸안고 있다고 생각한다.

이부자리를 편 그는 드디어 에스에 대해 생각하는 것을 멈춘다. 그는 이시하라 요시로의 『망향과 바다』와 이시무레 미치코의 『고해정토, 나의 미나마타병』 중 어떤 걸 읽을까 고민 중인데, 둘 다 내키지 않았던 모양. 책을 많이 들고 다니면서도 이런 일이 자주 있다. 가져와야 했던 책은 하야시 교코의 『축제의 장』이라는 생각이 그의 머릿속을 스친다. 그 책이 자신에게 일어나는 플래시백을 저지하는 데 최적이었던 것이다.

그는 누워서 몸을 크게 부들부들 떨며 플래시백으로 인한 침습을 피하려고 한다. 이어폰을 통해 듣는 아이폰의 음악에서 구원을 찾는다. 채런 포 랜턴의 「나아가, 때로는 도망치더라도」, 지카다 하루오의 「아아, 레이디 허리케인」, 더 피넛츠의 「사랑의 바캉스」, 에드 시런의 「셰이프 오브 유」, 렌카의 「트러블 이즈 어 프렌드」 순으로 듣는다.

그는 넋 나간 듯 듣고 있다. 그의 마음은 깨끗한 물속으로 가라앉는다. 그는 다시 에스에 대해 생각하며 그것이 무엇이든 물속으로 가라앉히고 있다고 생각한다. 에스는 모든 것을 에스로 환원시킨다. 그는 꿈속에서 행복하다. T. 렉스나 1970년대 케냐에서 활약한 록밴드, 퀘스천 마크도 듣는다. 에스가 자신을 더 깊이 가라앉힌다고 생각하며 그는 졸음을 느낀다.

스마트폰 충전 플러그를 전원 콘센트에 꽂았다. 그리고 리스페리

돈과 설트랄린을 먹고 눈을 감는다.

이튿날 아침, 그는 다른 사람들보다 한발 앞서서 버스와 전철을 타고 교토로 돌아간다. 대중 목욕탕에 가서 온탕에 몸을 담갔다가 냉탕에 몸을 담갔다가 하며 '양치식물이 되는' 것이다.

※

"오늘은 반드시 쓰레기봉투를 사야 해."

목욕탕을 나온 그의 몸에서 물방울이 바닥으로 떨어지고 있다. 젖은 몸으로 속옷과 겉옷을 입는다. 수건도 목욕 타월도 쓰지 않는다. 그에 따르면 물이 아까워서(?), 그리고 몸에 걸치는 옷이 젖어서 피부가 싸늘해지는 게 기분 좋아서란다.

그는 쓰레기봉투를 사자, 사자 생각하면서도 그 생각을 잊어버리고 또 잊어버리고 슈퍼마켓과 편의점 근처를 지나쳐 걷는다. 그가 향하는 곳은 근무처인 대학 연구실. 연휴에도 그는 연구실에 가는 것이 제일 좋다.

방에는 택배 상자와 책이 쌓여 있어 아주 어지러운 인상. 그는 서가의 한 구석으로 향한다. 가동식 책장을 빼고 작업용 공간을 만들어 책상 대신 사용하고 있다. 절약하기 위한 결과로 그렇게 된 듯싶다.

이것은 센노 리큐1522~1591. 일본 다도를 정립한 다인 시대의 미의식에 따라 리큐가 고안한 다도실과 같은 간소한 미를 실현했다나. 그렇게 주장하면서 그는 이렇게나 어지러운 방에 있다.

유선전화 벨 소리가 울려 퍼진다. 그는 전화받는 것이 너무 어렵다. 그는 청각정보처리장애를 갖고 있고 한편으로는 시각에 호소해오는 것들을 편애하기 때문이다. 임기응변도 쉽지 않다.

사춘기 때는 전화는 물론 음식점에서 주문도 못 했다고 한다. 대학에 입학해 혼자 살기 시작한 이후로 일상을 SST, 즉 생활기능 훈련 실천의 장으로 삼아왔다. 그는 인생을 거대한 실천의 장으로 설정하고 환경과 자신이 조화를 이루도록 하는 과정에서 시행착오를 거듭해왔다고 한다.

그래도 여전히 어려워하는 일이 많아서, 그는 환경이 자신들을 배려해 설계되어 있지 않다며 불만을 토로한다. 이른바 사회 모델에 입각한 발상이라는 것.

과도하게 싫은 티를 내며 수화기를 든다.

"요코미치 교수님이신가요?"

"네, 요코미치 교수님이십니다."

"휴일에 실례가 많습니다. 지금 시간 괜찮으실까요?"

"네, 시간 괜찮으십니다."

"사실 지난번 건 말씀입니다만."

"네, 지난번 건."

"그거, 역시 없던 일로 해주실 수 있을까요? 사실은 어제 긴급 회의에서 사정이 완전히 바뀌어서요."

"완전히 바뀌었습니까?"

말꼬리를 잡으며 대화를 이어간다.

통화를 마치고 수화기를 내려놓은 그는 안도의 한숨을 내쉰다. '어떤가. 나는 성취해낸 남자의 얼굴을 하고 있는가'라며 혼잣말로 중얼거린다.

그는 쌓여 있는 책의 산에서 우치다 로안의 『회상하는 사람들』과 네코다 미치코의 『소문난 베이컨』을 꺼내 책장을 펄럭펄럭 넘긴다.

탁상 위에는 "혁명가 작사자에 의지하여 조금씩 액화되어가는 피아노"와 "호수의 새벽, 익사자의 손가락이 늘어져 피아노 위에 떨어지며 울리는 레퀴엠"이 들어 있는 쓰카모토 구니오의 가집 『수장水葬 이야기』, "피스톨이 풀의 단단한 면에 울리고"가 들어 있는 야마구치 세이시의 시구집 『한낮』, 쇼노 준조의 『풀 사이드의 작은 풍경』, 어니스트 헤밍웨이의 「심장이 두 개인 큰 강」이 수록된 『헤밍웨이 단편전집 1』, 이노 헤이타로의 주브나일 소설 『아쿠아리움의 밤』, 다나카 가쓰키의 『수초 수조의 세계: 멋진 인도어indoor 대자연』이 놓여 있다.

그는 잊지 않으려고 스마트폰을 조작해 스케줄 앱의 오늘의 일정에 '집에 갈 때 쓰레기봉투 구입'이라고 입력한다. 그는 '쓰레기봉투, 쓰레기봉투' 하고 중얼거리며 연구실을 나와 집으로 향한다. 하지만 그는 집과 가까운 슈퍼와 편의점을 그냥 지나친다. 집에 도착해서 누운 뒤에야 오늘도 쓰레기봉투 사는 걸 잊어버렸음을 겨우 알아차린다.

사흘 연속 실패. "무무무" 하고 으르렁거리고 있지만 그건 요코하마 미쓰테루의 만화 『삼국지』의 영향이라고 생각한다.

그는 모로 누워서 1960년대 미국에서 시작된 자립생활운동의 표어 "Nothing about us without us!", 즉 "장애 당사자 없이 전문가들끼리 마음대로 정하지 마라"에 대해 고찰 중이다.

그리고 마침내 깨닫는다. 스마트폰 충전기를 바비큐장 숙박 시설 침실의 전원 콘센트에 꽂은 채 두고 왔다는 사실을.

그는 다음 휴일에 찾으러 가야겠다고 생각한다. 무려 교토에서 효고까지, 왕복 몇 시간씩이나 들여서. 싸지 않은 교통비를 써서.

그는 한숨을 내쉰다. 오늘은 푹 쉬고 내일부터는 일할 때 바보짓 하지 않으려면 잘 준비해야 해 하며 결의를 다지고 있다.

그러면 이쯤에서 현장 리포트를 마치겠습니다. 매구우.

덤으로 만화?

후기

나는 ASD/ADHD 문학 연구자다. 아무리 그렇다 해도 의료·복지 관계자가 주요 독자인 '시리즈 돌봄을 열다'에서 문학작품이 이 정도로 자주 인용되는 책은 의심을 받을 수도 있겠다. 혹시 그렇다면 이 책에서 문학과 예술의 돌봄 및 치료와 회복 효과에 관한 내용을 꼭 찾아서 읽어보시길 바란다.

내가 지금과 같은 생각을 주장한 것은 얼마 되지 않았다. 나는 타인으로부터 좀처럼 이해받지 못하는 나의 체험적 세계를 해외 고전문학을 비롯한 다양한 창작물 속에서 발견하며 살아왔다. 나는 그 작품들에 깊숙이 기대어 인생을 살아왔다고 느낀다. 문학과 예술 등에 대한 엄청난 양의 언급은 내 인생의 질감 표현인 셈이다.

의료, 복지 전문가가 아닌 내가 이들 분야의 다양한 문헌을 활용하여 2장에서 「논문적인」이라는 제목 아래 칼럼을 쓴 데 대해서 거부감을 가질 수도 있겠다.

나는 발달장애의 의료적 사실과 관련하여, 내게 진단을 내려준 (과거의) 주치의에게 여러 질문을 던졌지만 안타깝게도 당사자인 내 입장에서 만족스러운 답변은 거의 얻을 수 없었다. 복지 도우미에게 복지에 관한 다양한 질문을 했을 때는 만족스러운 답을 여럿 얻었지만, 자조모임에 관해서는 내가 당사자로서 얻은 지식이 결정적이라고 느꼈다.

이 책보다 13년 앞서 출간된 아야야 사쓰키 씨와 구마가야 신이치로 씨의 『발달장애 당사자 연구』는 의학적 차원의 기술 방식을 도입하면서도 그 수준을 억제하고 있어 의학에 의존하지 않는 당사자의 언어가 중요하게 나타나 있는 반면, 이 책에서는 의료와 복지 분야의 지식이 대폭 활용되고 있다. 왜냐하면 현재 발달 일원에서는 그러한 서술 방식으로 의사소통을 하는 것이 일반적이기 때문이며, 의학의 언어를 피해서 쓰는 것은 '커닝'을 했으면서도 하지 않은 척 쓰는 것과 마찬가지이기 때문이다. 물론 의학적 기술로 납득할 수 없는 부분에 관해서는 단호하게 거부하고 있으므로 이 책 역시 전체적으로는 당사자들의 서술 방식에 따라 구성되어 있다.

자조모임에서 주최자, 때로는 참가자로서 함께하며 나는 토마시나 보크먼의 자조모임에 관한 글에 등장하는 당사자의 '경험적 지식'은 의료와 복지 전문가들의 '전문적 지식'에 필적한다는 견해에 공명했다. 나는 이 책에서도 당사자로서의 체험적 지식을 말했다. 2장은 의료와 복지 분야에서 흔한 '논문 비판'이 아닌 당사자들의 체험적 지식과 딱 들어맞게 구성한 불가분의 서술이다.

*

    내가 발달장애 진단을 받은 것은 2019년 4월의 일이다. 결국 휴직을 결정한 후 오래 간직하고 있던 나의 '수수께끼'를 풀기 위해 예전부터 의심하던 내 열쇠 구멍에 '발달장애 진단'이라는 비밀의 열쇠를 꽂은 것이다.

    그때 나는 발달장애지원센터 '반짝임'의 미쓰오카 히로유키 씨와 연결되었고, '반짝임'에서 교토장애인직업센터의 야스다 히로코 씨로 연결되었다. 나는 진단을 받고 처음으로 발달장애에 관한 책을 읽기 시작했다. 이상한 경험이었다. 내 안에 새로 들어오는 타인에 관한 지식이 내 삶의 고단함을 설명하고 있었다.

    그러나 진단받은 지 1년 가까이 지날 때쯤 나는 내 문제가 근본적으로 변하고 있지 않다는 것에 암담한 기분을 느꼈다. 그러다 교토장애인직업센터에서 복직을 위한 리워크 지원사업에 다닌 것이 전기를 마련해주었다. 우울증을 앓다가 휴직한 이후 인지행동치료를 받으며 긴 낮 시간을 나와 함께 보내게 된 사람들을 그곳에서 만났고, 이러한 교류를 발달장애 당사자 동료들과 해보고 싶다고 생각한 계기가 있었다.

나는 트위터에서 발달 일원에 참여하고 자조모임에도 참여하기 시작했다. 그것이 2020년 3월. 코로나19의 유행으로 많은 자조모임이 온라인으로 옮겨갔다. 나는 '사카이 발달 친구의 모임'의 이시바시 히로시 씨와 아는 사이가 되었고, 이렇게 규모가 큰 발달장애인 자조모임 안에서 '생생한 달'을 운영하는 시키 야스히코 씨에게 등 떠밀려 교토에서 '달과 지구'라는 자조모임을 발족하게 되었다.

나는 한발 더 나아가 교토에서 당사자연구회 '우주생활'을 열고 장애로 고통받는 소수자와 고민을 가진 다수자 모두를 대상으로 활동을 시작했다. 또한 이 책에 언급한 각종 온라인 자조모임과 연구회를 운영하는 동시에 이 책의 1장과 2장의 바탕이 된 논문을 집필하여 과거 제자였던 하야시 마코토 군이 주재하는 '에스노그래피와 픽션 연구회'의 회지 『파하로스』에 기고했다. 이 논문을 이가쿠쇼인의 시라이시 마사아키 씨가 봐주신 것이 2020년 10월. ASD/ADHD 진단을 받은 지 1년 반, 나는 어찌어찌 복직해 있었다.

＊

휴직 중 나는 시라이시 씨가 편집을 담당해온 '시리즈 돌봄을 열다'의 40권 가까운 책을 모두 읽고 이 시리즈의 열광적인 팬이 되었다.

아야야 씨와 구마가야 씨, 두 사람의 저서가 가장 큰 길잡이라는 사실은 이 책에서 언급한 대로다. 『베델의 집의 '비'원조론』과 『베델의 집 '당사자 연구'』(모두 저자명은 우라카와 베델의 집), 무카이야치 이쿠요시 씨의 『기법 이전』, 이시하라 고지 씨 편저 『당사자 연구의 연구』, 나카무라 가렌 씨의 『크레이지 인 재팬』을 숙독하며 발달장애에 관한 당사자 연구란 어떤 것인지에 대해 깊이 고민했다.

그러는 2년 동안 내 인생은 크게 흔들렸다. 첫 1년은 혼란스러웠고 다음 1년 동안은 이전까지의 삶을 완전히 변화시켰다. 자폐인이기에 극단적인 면은 있다. ADHD인이기에 과잉행동의 힘이 작용했다고도 할 수 있다. 거듭 말하지만 발달장애인의 특성은 그 자체로는 '장애'가 되지 않는다. 우리는 정형발달인 또는 '정상인'과 다른 발달 특성, 또는 발달 '들쑥날쑥'을 갖고 있을 뿐이며, 그것이 '정상인'의 속도로 만들어진 사회 환경과 마찰을 일으킴으로써 '장애인'이 되어 있을 뿐이다. 여러분도 이러한 '뇌의 다양성'에 대해 한번쯤 생각해봐주신다면 기쁘겠다.

이 책을 집필한 5개월 동안 시라이시 씨로부터 받은 각종 코멘트 덕분에 실로 두근거렸고 큰 자극을 받았다. '시리즈 돌봄을 열다'에는 시라이시 씨가 퍼실리테이터를 맡은 '공동 연구적' 측면이 있다고 이해하고 있었는데, 나를 그 공동 연구의 팀원으로 받아주셔서 정말 영광이었다. 머릿속에서 키우고 있는 동물 '맥'이 몇 번이나 "매구우" 하고 울었다.

학대당한 일도, 사이버불링을 당한 일도, 성에 관한 일도, 일상의 비속하고 사사로운 일도 속속들이 드러냈다. 내 세계관을 가장 적정하게 시각화시켜줄 거라 믿은 아베 가이타 씨는 훌륭한 표지 그림을 그려줬다. 마쓰다 유키마사 씨와 스기모토 쇼지 씨는 독자를 '물속'으로 초대하는 근사한 디자인을 선물해주었다. 오토모 데쓰로 씨는 치밀한 교정 작업을 해주었고 이시이 야요이 씨는 문헌 색인 페이지를 일일이 채워넣어주었고 아이워드에서는 책을 아름답게 인쇄해주었다. 그렇게 이 책은 탄생했다.

트위터의 발달 일원 여러분, 내가 운영하는 자조모임에 참여해준 여러분, 이 책의 저본이 된 논문 검토회를 열어준 '에스노그래피와 픽션 연구회' 및 '카레라이스를 맛있게 먹는 모임'(당사자 연구 책 연구회) 여러분, 호명하지 못한 많은 이를 비롯해 모든 분에게 진심으로 감사를 전한다.

2021년 4월

요코미치 마코토

참고문헌

본문에서 인용 또는 참조 사실을 밝힌 자료에 한한다.

アーロン, エレイン, N.(2000), 『ささいなことにもすぐに「動搖」してしまうあなたへ』, 講談社(『타인보다 더 민감한 사람』, 노혜숙 옮김, 웅진지식하우스, 2017).

淺田晃佑(2015), 「自閉症スペクトラム障害におけるコミュニケーション空間の特性理解」, 科學硏究費助成事業──硏究成果報告書.

アダルト・チルドレン・アノニマス(2015), 『ミーティング・ハンドブック』 第3版, ACA事務局.

綾屋紗月/熊谷晉一郎(2008), 「發達障害當事者硏究──ゆっくりていねいにつながりたい」, 醫學書院.

綾屋紗月/熊谷晉一郎(2010), 『つながりの作法──同じでもなく違うでもなく』, 日本放送出版協會.

綾屋紗月(2012,), 「發達障害者とジェンダーが交差するところ」, 『アスペハート』 10號, 28~37頁.

綾屋紗月(2018), 「ソーシャル・マジョリィ研究とは」, 『ソーシャル・マジョリティ研究──コミュニケーション學の共同創造』, 綾屋紗月(編著), 金子書房, 1~21頁.

池上英子(2017), 『ハイパーワールド──共感しあう自閉症アバターたち』, NTT出版.

池田喬(2013), 「研究とは何か, 當事者とは誰か──當事者硏究と現象學」, 『當事者硏究の研究』, 石原孝二(編), 醫學書院, 113~148頁.

泉流星(2003),『地球生まれの異星人——自閉者として, 日本に生きる』, 花風社.

依存症對策全國センター(2020),「依存症と重複しやすい發達障害」(https://www.ncasa-japan.jp/notice/duplicate-obstacles/developmental-disorder). ※年號は間質年.

伊藤亞紗(2018),『どもる体』, 醫學書院.

伊藤絵美(2020),『セルフケアの道具箱』, 細川貂々(イラスト), 晶文社(『나를 돌보는 책』, 김영현 옮김, 다다서제, 2021).

入矢義高/溝口雄三/末木文美士/伊藤文生(1996),『碧巌録』下卷, 巌波文庫.

巌永龍一郎/ニキ・リンコ/藤家寬子(2008),『続 自閉っ子, ころいう風にできてます!——自立のための身体づくり』, 花風社.

巌永龍一郎/ニキ・リンコ/藤家覓子(2009),『続々 自間っ子, こういう風にできてます!——自立のための環境づくり』, 花風社.

巌波明(2015),『大人のADHD——もっとも身近な發達障害』, 築摩新書.

ウィリアムズ, ドナ(1993),『自間症だったわたしへ』, 河野萬里子(譯), 新潮社.

ウィリアムズ, ドナ(2008),『ドナ・ウィリアムズの自閉症の豊かな世界』, 門脇陽子/森田由美(譯), 明石當店.

ウィリー, リアン・ホリデー(2002),『アスペルガー的人生』, 東京書籍.

内海健(2015),『自閉症スペクトラムの精神病理——星をつぐ人たちのために』, 醫學書院.

穎原退藏(1939),『去來抄・三册子・旅寢論』(校訂), 巌波書店.

遠藤周作(1999),『遠藤周作文學全集』第2卷, 新潮社.

大江健三郎(2018a),『大江健三郎全小說1』, 講談社.

大江健三郎(2018b),『大江健三郎全小說1』, 講談社.

大澤眞幸(2020),「中動態としての言語」, 社會性の起源85(https://gendai.ismedia.jp/articles/-/78321).

大下野治(2005),『晝寢するぶた——ものみの塔を檢証する!』, 総合電子リサーチ.

大村豊(1999),「その他の障害」,『高機能廣範性發達障害——アスペルガー症候群と高機能自閉症』, 杉山登志郎/辻井正次(編著), ブレーン出版, 42~44頁.

小澤徵爾/村上春樹(2011),『小澤徵爾さんと, 音樂について話をする』, 新潮社.

ガーランド, グニラ(2000),『ずっと「普通」になりたかった』, ニキ・リンコ(驛), 花風社.

ガーランド, グニラ(2007),『自閉症者が語る人間關係と性』, 石井バークマン麻子(譯), 東京書籍.

頭木弘樹(2020),『食べることと出すこと』, 醫學書院(『먹는 것과 싸는 것』, 김영현 옮김, 다다서재, 2022).

金谷武洋(2004),『英語にも主語はなかった——日本語文法から言語千年史へ』, 講談社選

書メチエ.

カフカ(2014),『絶望名人カフカの人生論』, 頭木弘樹(編譯), 新潮文庫.

上岡陽江/大嶋榮子(2010),『その後の不自由──「嵐」のあとを生きる人たち』, 醫學書院.

碧梧桐(1975),「君が絶筆」,『子規全集』別卷2(回想の子規1), 講談社.

共同譯聖書實行委員會(2001),『聖書──新共同譯 旧譯聖書續編つき』, 日本聖書協會.

京都大學(2012),「自閉症スペクトラム障害でミラーニューロン回路の不全」(www.kyoto-u.
ac.jp/static/ja/news_data/h/h1/news6/2012/120815_1.htm).

京都大學(2016),「自閉症兒は黄色が苦手, そのかわり緑色を好む──發達障害による特異
な色彩感覺」, 京都大學「研究·産學連攜──最新の研究成果を知る」(www.kyoto-u.
ac.jp/ja/research/research_results/2016/161223_2.html).

空海(1984),『弘法大師空海全集』第6卷, 弘法大師空海全集編報委員會(編), 築摩書房.

日下部吉信(編譯)(2000),『初期ギリシア自然哲學者斷片集』第1卷, ちくま文庫.

熊谷晉一郎(2009),『リハビリの夜』, 醫學書院.

熊谷晉一郎/國分功一郎(2017),「來たるべき當事者研究──當事者研究の未來と中動態の
世界」,『みんなの當事者研究』, 熊谷晉一郎(編), 金剛出版, 12~34頁.

熊谷晉一郎(2018),『當事者研究と專門知──生き延びるための知の再配置』, 熊谷晉一郎
(責任編集), 金剛出版.

熊谷晉一郎(2020),『當事者研究等──等身大の〈わたし〉の發見と回復』, 巖波書店.

グランディン, テンプル/スカリアノ, マーガレット M.(1991),『我, 自閉症に生まれて』, カニング
ハム久子(譯), 學研.

グランディン, テンプル(1997),『自開症の才能開發──自閉症と天才をつなぐ環』, カニング
ハム久子(譯), 學研.

黒柳徹子(1981),『窓ぎわのトットちゃん』, 講談社(『창가의 토토』, 권남희 옮김, 김영사,
2019).

郡司ペギオ幸夫(2020),『やってくる』, 醫學書院.

郡司ペギオ幸夫/宮台眞司(2020a),『〔イベントレポート〕トークイベント「ダサカッコワ
ルイ世界へ」文字起こし③』(https://store.tsite.jp/daikanyama/blog/human-
ities/17528-1813141204.html).

郡司ペギオ幸夫/宮台眞司(2020b),『〔イベントレポート〕トークイベント「ダサカッコワ
ルイ世界へ」文字起こし④』(https://store.tsite.jp/daikanyama/blog/human-
ities/17529-1821421204.himl).

河野哲他(2013),「當事者研究の優位性──發達と教育のための知のあり方」,『當事者研究
の研究』, 石原孝二(編), 醫學書院, 74~111頁.

コーク, ベッセル・ヴァン・デア(2016), 『身体はトラウマを記録する』, 柴田裕之(譯), 杉山登志郎(解說), 紀伊國屋書店(『몸은 기억한다』, 제효영 옮김, 을유문화사, 2020).

國分功一郎(2017), 『中動態の世界――意志と責任の考古學』, 醫學書院(『중동태의 세계』, 박성관 옮김, 동아시아, 2019).

國分功一郎/熊谷晉一郎(2020), 『〈責任〉の生成――中動態と當事者研究』, 新潮社.

小管英恵/山村豊/熊谷恵子(2020), 「ADHD傾向者の空開的注意と移動時注意不全の關連」, 『應用心理學研究』, 日本應用心理學金(編), 45(3)號, 207~218頁.

小林明, 「名前の流行100年史 戰前は「清」, 戰後は…」, NIKKEI STYLE, 2011年5月27日 (https://style.nikkei.com/article/DGXBASFE2400U_U1A520C1000000?channel=DF280120166607).

ゴッブマン, アーヴィング(1980), 『スティグマの社會學――烙印を押されたアイデンティティ』, 石黒毅(譯), せりか書房(『스티그마: 장애의 세계와 사회적응』, 윤선길 옮김, 한신대학교 출판부, 2009).

小牧元(2020), 「失感情症(アレキシサイミア)」, 厚生分働省e-ヘルスネット(https://www.e-healthnet mblw.go.jp/information/heart/k-04-006.html). *年號は閲覧年.

齋藤環(2015), 『オープンダイアローージとは何か』, 譯出も齋藤, 醫學書院.

坂口恭平(2020), 『自分の藥をつくる』, 晶文社.

サックス, オリヴァー(1997), 『火量の人類學者――腦神経科醫と7人の奇妙な患者』, 吉田利子(譯), 早川書房.

柴山雅俊(2017), 『解離の舞台――症狀構造と治療』, 金剛出版.

澁井哲也(2020), 「性暴力を「なかったこと」にされたくない!」, 『週刊女性』, 8月18・25日合併號, 主婦と生活社, 129~131頁.

シモン, ルディ(2011), 『アスパーガール――アスペルガーの女性に力を』, 牧野恵(譯), スペクトラム出版社(『아스퍼걸: 자폐·여자·사람을 위한 생애 안내서』, 이윤정 옮김, 마고북스, 2020).

ジャクソン, ルーク(2005), 「青年期のアスペルガー症候群――仲間たちへ, まわりの人へ」, ニキ・リンコ(譯), スペクトラム出版社.

シャレル, エリック(監督)(2002), 「會議は踊る」 DVD, アイ・ヴィー・シー(「회의는 춤춘다」).

白石正明(2019), 「ダイバーシティな讀書案内 vol.5」, 日本財團 DIVERSITY INTHE ARTS(https://www.diversity-in-the-arts.jp/stories/13933).

杉山登志郎(2011), 『杉山登志郎著作集1――自閉症の精神病理と治療』, 日本評論社.

杉山登志郎(2019), 『發達性トラウマと複雑性PTSDの治療』, 誠信書房.

鈴木大介(2018), 『されと愛しきお妻様――「大人の發達障害」の妻と「腦が壊れた」僕の18年

間』, 講談社(『그래도 사랑스러운 나의 아내님』, 이지수 옮김, 라이팅하우스, 2021).

鈴木大介(2020), 『『腦コワさん』支援オイド』, 醫學書院.

砂川芽吹(2015), 「自閉症スペクトラム障害の女性は診斷に至るまでにどのように生きてきたの
か——障害を見えにくくする要因と適應過程に焦点を當てて」, 『發達心理學研究』日本發
達心理學會(編), 26(2)號, 87~97頁.

世界保健機關(編)(2002), 『國際生活機能分類——國際障害分類改定版』, 障害者福祉研究
會(編集), 中央法規出版.

ソルデン, サリ(2000), 『片づけられない女たち』, ニキ・リンコ(譯), WAVE出版.

ターナー, V・J(2009), 『自傷からの回復——隱された傷と向き合うとき』, 松本俊彦(監修), 小
國綾子(驛), みすず書房.

互盛央(2010), 『エスの系譜——沈默の西洋思想史』, 講談社.

高楠順次郎/渡邊海旭(1925), 『大正新脩大藏經 第十卷 華嚴部下』, 大藏出版.

宅香菜子(2012), 「アメリカにおけるPTG研究——文化的観点から」, 『PTG心的外傷後成長
——トラウマを超えて』, 近藤卓(編著), 金子書房, 170~182頁.

宅香菜子(2016), 「PTG——その可能性と今後の課題」, 『PTGの可能性と課題』, 宅香菜子
(編著), 金子書房, 196~212頁.

立入勝義(2017), 『ADHDでよかった』, 新潮新書.

チクセントミハイ, M.(2000), 『樂しみの社會學』, 今村浩明(譯), 改題新裝版, 新思索社.

チクセントミハイ, ミハイ/ナカムラ, シーン(2003), 「フロー理論のこれまで」, 『フロー理論の展
開』, 今村浩明/淺川希洋志(編), 世界思想社, 1~39頁.

塚本邦雄(2009), 『水葬物語』復刻版, 書肆稻妻屋.

津島隆太(2020), 『セックス依存症になりました(完全版)』, 集英社.

道元(2006), 『原文對照現代語譯 道元禪師全集3 正法眼藏3』, 水野弥穗子(驛注), 春秋社.

當事者(お母さんたち)(2020), 『お母さんの當事者研究——本心を聞く・語るレッスン』, 熊谷
晉一郎(編者), ジャパンマシニスト社.

東煙開人(2019), 『居るのはつらいよ——ケアとセラピーについての覺書』, 醫學書覽.

ナジャヴィッツ, リサ・M.(2020), 『トラウマとアディクションからの回復——ベストな自分を見
つけるための方法』, 近藤あゆみ/松本俊彦(監譯), 淺田仁子(譯), 金剛出版.

ニキ・リンコ(2005), 『俺ルール!——自閉は急に止まれない』, 花風社.

ニキ・リンコ(2007), 『自閉っ子におけるモンダイな想像力』, 花風社.

ニキ・リンコ/藤家寛子(2004), 『自閉っ子, こういう風にできてます!』, 花風社.

ニキ・リンコ/藤家寛子(2014), 『10年目の自閉っ子, こういう風にできてます!——「幸せになる
力」發見の日々』, 花風社.

野口裕二(2002), 『物語としてのケア——ナラティヴ・アプローチの世界へ』, 醫學書院.

荻原拓(2016), 「WS4-1. 日本版感覺プロファイルの機要」, 『兒童青年精神醫學とその接近領域』, 一般社團法人日本兒童青年精神醫學會(編), 57(1)號, 56~60頁.

バロン゠コーエン, サイモン(2005), 『共感する女腦, システム化する男腦』, 三宅眞砂子(譯), 日本放送出版協會.

ハン・ガン(2019), 『回復する人間』, 齋藤眞理子(譯), 白水社(『한강: 회복하는 인간』, 전승희 옮김, 도서출판 아시아, 2013).

東田直樹(2007), 『自閉症の僕が跳びはねる理由——會話のできない中學生がつづる內なる聲』, エスコアール出版部.

東田直樹(2010), 『續・自閉症の僕が眺びはねる理由——會話のできない高校生がたどる心の軌跡』, エスコアール出版部.

樋口直美(2020), 『誤作動する腦』, 醫學書院(『오작동하는 뇌』, 김영현 옮김, 다다서재, 2021).

フィッシャー, ダニエル(2019), 『希望の對話的リカバリー——心に生きづらさをもつ人たちの蘇生法』, 松田博幸(譯), 明石書店.

フープマン, キャシー(2016), 『ねこはみんなアスペルガー症候群』, 牧野恵(譯), スペクトラム出版社.

フープマン, キャシー(2018), 『いぬはみんなADHD』, 牧野恵(譯), スペクトラム出版社.

藤家寬子(2004), 『他の誰かになりたかった——多重人格から目覺めた自閉の少女の手記』, 花風社.

藤子・F・不二雄(1975), 『ドラえもん』, 小學館.

ブラウンズ, アクセル(2005), 『鮮やかな影とコウモリ——ある自閉症青年の世界』, 淺井晶子(譯), インデックス出版.

フリス, ウタ(2009), 『新訂 自閉症の謎を解き明かす』, 富田眞紀/淸水康夫/鈴木玲子(譯), 東京書籍.

フリス, ウタ(2012), 『ウタ・フリスの自閉症入門——その世界を理解するために』, 神尾陽子(監譯), 華園力(譯), 中央法規出版.

ホール, ケネス(2001), 『ぼくのアスペルガー症候群——もっと知ってよぼくらのことを』, 野坂悅子(譯), 東京書籍.

細江逸記(1928), 「我が國語の動詞の相(Voice)を論じ, 動詞の活用形式の分岐するに至りし原理の一端に及ぶ」, 『岡倉先生記念論文集』, 市河三喜(編), 岡合先生還曆祝賀會, 96~130頁.

ホワイト, マイケル/エプストン, デイヴィッド(2017), 『物語としての家族』新譯版, 小森康永(譯),

金剛出版.

マッキーン, トーマス・A.(2003),『ぼくとクマと自閉症の仲間たち』, ニキ・リンコ(譯), 花風社.

松村暢隆(2018),「發達多樣性に應じるアメリカの2E教育――ギフテッド(才能兒)の發達障書と超活動性」,『關西大學文學論集』, 關西大學文學會(編), 68(3)號, 1~30頁.

松本敏治(2020),『自閉症は津軽弁を話さない――自閉スペクトラム症のことばの謎を讀み解く』, KADOKAWA.

宮澤賢治(1975),『校本宮澤賢治全集』第3巻, 築摩書房.

宮澤賢治(1974),『校本宮澤賢治全集』第10巻, 築摩書房.

向谷地生良(2005),「序にかえて――「當事者研究」とは何か」, 浦河べてるの家『べてるの家の「當事者研究」』, 醫學書院, 3~5頁.

向谷地生良(2020),「當事者研究とは――當事者研究の理念と構成」, 當事者研究ネットワーク(https://toukennet.jp/?page_id=56), 2020年6月11日公開.

村上靖彦(2008),『自閉症の現象學』, 勁草書房.

村上春樹(1999),『スプートニクの戀人』, 講談社(『스푸트니크의 연인』, 임홍빈 옮김, 문학사상사, 2010).

村上春樹(2003),『約束された場所で/村上春樹, 河合隼雄に會いにいく』村上春樹全作品 1990~2000 第7巻, 講談社(『약속된 장소에서』, 이영미 옮김, 문학동네, 2010; 『하루키, 하야오를 만나러 가다』, 고은진 옮김, 문학사상사, 2018).

村上春樹(2010),『夢を見るために每朝僕は目覺めるのです――村上春樹インタビュー集 1997~2009』, 文藝春秋.

村上龍(1994),『五分後の世界』, 幻冬舍.

村田沙耶香(2016),『コンビニ人間』, 文藝春秋(『편의점 인간』, 김석희 옮김, 살림, 2016).

村中直人(2020),『ニューロダイバーシティの教科書――多樣性尊重社會へのキーワード』, 金子書房.

文部科學省(2020),『特別支援教育1. はじめに』(https://www.mext.go.jp/a_menu/shotou/tokubetu/001.htm).

山口誓子(1938),『炎書』, 三省堂.

山口貴史(2018),「自開スペクトラム症男子の性同一性形成の際考(思春期を中心に)」,『精神療法』44(2)號, 208~214頁.

横塚晃一(2007),『母よ! 殺すな』, 生活書院.

興謝野晶子(1980),『定本興謝野晶子全集』第10巻(詩集2), 講談社.

吉濱ツトム(2016),『地球の兄弟星(プレアデス)からの未來予知――2070年までの世界とアセンション』, ヒカルランド.

米田家介(2011), 『アスペルガーの人はなぜ生きづらいのか?――大人の發達障害を考える』, 講談社.

ローソン, ウェンディ(2001), 『私の障害, 私の個性』, ニキ・リンコ(譯), 花風社.

Alcoholics Anonymous(2001), *Alcoholics Anonymous: The Story of How Many Thousands of Men and Women Have Recovered from Alcholism*, 4th edition, New York: Alcoholics Anonymous World Services, Inc. ※典據表示はAA.

Alighieri, Dante(1838), *La divina commedia*. I quattro poeti italiani coi migliori comenti antichi e moderni. Firenze: Passighi.

American Psychiatric Association(編)(2004), 『DSM-IV-TR 精神疾患の分類と診斷の手引』新訂版, 高橋三郎・大野裕・染矢俊幸(譯), 醫學書院. ※典據表示はAPA-2.

American Psychiatric Association(編)(2014), 『DSM-5 精神疾患の診斷・統計マニュアル』, 日本精神神経學會(日本語版用語監修), 高機三郎・大野裕(監譯), 醫學書院(『DSM-5 정신질환의 진단 및 통계편람』, 권준수 옮김, 학지사, 2015). ※典據表示はAPA.

Aurelius, Marcus(2013), *Meditations, Books 1-6*, Translated with an introduction and commentary by Christopher Gill, Oxford: Oxford University Press.

Bejerot, Susanne et al.(2012), "The Extreme Male Brain Revisited: Gender Coherence in Adults with Autism Spectrum Disorder", *The British Journal of Psychiatry*, Vol. 201, pp. 116~123.

Benjamin, Walter(1991), *Gesammelte Schriften*, Unter Mitwirkung von Theodor W. Adorno und Gershom Scholem, herausgegehen von Rolf Tiedemann und Hermann Schweppenhäuser, Bd. I/2, Frankfurt am Main: Suhrkamp.

Blake, William(1977), *The Complete Poems*, Ed. by Alicia Ostriker, Harmondsworth: Penguin.

Borkman, Thomasina(1976), "Experiential Knowledge: A New Concept for the Analysis of Self-Help Groups", *Social Service Review*, Vol. 50(3), pp. 445~456.

Büchner, Georg(2001), Lenz. (Sämeliche Werke und Schriften: Historish-kritische Ausgabe mit Quellen-dokumentation und Kommentar, Bd. 5.) Hrsg. von Burghard Dedner und Hubert Gersch, unter Mitarbeit von Eva-Maria Vering und Werner Weiland, Darmstadt: Wissenschaftiche Buchgesellschaft.

Calhoun, Lawrence G. and Tedeschi, Richard G.(2014), 「心的外傷後成長の基礎――發展的枠組み」, 『心的外傷後成長ハンドブック――耐え難い體驗が人の心にもたらすもの』, 宅香菜子/清水研(監譯), 醫學書院, 2~30頁.

Cha, Ariana Eunjung(2016), "People on the Autism Spectrum Live an Average of 18 Fewer Years than Everyone Else, Study Finds", *The Washington Post*, March 19, 2016(https://www.washingtonpost.com/news/to-your-health/wp/2016/03/18/people-on-the-autism-spectrum-live-an-average-of-18-years-less-than-everyone-else-study-finds/).

Clarke, Arthur C.(2010), *Childhood's End*, London: Pan Books(『유년기의 끝』, 정영목 옮김, 시공사, 2016).

Cortázar, Julio(1985), *Textos políticos*, Barcelona: Plaza&Janés.

Davis, Naomi Ornstein and Kollins, Scott H.(2012), "Treatment for Co-Occurring Attention Deficit/Hyperactivity Disorder and Autism Spectrum Disorder", *Neurotherapeutic*, Vol. 9(3), pp. 518~530.

Eliot, T. S.(1944), *Four Quarters*, London: Faber and Faber.

Engdahl, Erik(2002), Institute for the Study of the Neurologically Typical(http://erikengdahl.se/autism/isnt/).

Fiene, Lisa and Brownlow, Charlotte(2015), "Investigating Interoception and Body Awareness in Adults with and without Autism Spectrum Disorder", *Autism Research*, Vol. 8(6), pp. 709~716.

Flaubert, Gustave(1964), *L'Education sentimentale: Histoire d'un jeune homme*, Introd., notes et relevé de variantes par Édouard Maynial, chronologie par Jacques Suffel. Paris: Garnier(『감정교육』, 진인혜 옮김, 나남출판, 2011).

Frakt, Austin and Carroll, Aaron E.(2020), "Alcoholics Anonymous vs. Other Approaches: The Evidence Is Now In", *The New York Times*, March 11, 2020(https://www.nytimes.com/2020/03/11/upshot/alcoholics-anonymous-new-evidence.html).

Frewen, Paul A. et al.(2008), "Clinical and Neural Correlates of Alexithymia in Posttraumatic Stress Disorder", *Journal of Abnormal Psychology*, Vol. 117, pp. 171~181.

Griffin, J. W. and Bauer, R. and Scherf, K. S.(2020), "A Quantitative Meta-Analysis of Face Recognition Deficits in Autism: 40 Years of Research", *Pychological Bulletin*, Advance online publication(https://doi.org/10.1037/bul0000310).

Heidegger, Martin(1954), *Vorträge und Aufsätze*, Pfullingen: G. Neske(『강연과 논문』, 신상희·이기상·박찬국 옮김, 이학사, 2008).

Heidegger, Martin(1999), *Zur Bestimmung der Philosophie 2*, Durchges. U. Erg.

Auflage(Gesamtausgabe, Abt. 2. Vorlesungen, Bd. 56/57), Frankfurt am Main: V. Klostermann.

Heidegger, Martin(2001), *Sein und Zeit*, Tübingen: Max Niemeyer(『존재와 시간』, 이기상 옮김, 까치, 1998).

Herder, Johann Gottfried(2002), *Ideen zur Philosophie der Geschichte der Menschheit*, (Werke, Bd. 3/1), Hisg. von Wolfgang Pross, München: C. Hanser.

Hugo, Victor(1964), *Œuvres poétiques*, T. 1, éd. Pierre Albouy, Paris: Gallimard.

Jaarsma, Pier and Welin. Stellan(2012), "Autism as a Natural Human Variation: Reflections on the Claims of the Neurodiversity Movement", *Health Care Analysis*, Vol. 20(1), pp. 20~30.

Jansson, Tove(2010), *Meominpappa at Sea*(Moomins), New York: Square Fish.

Kafka, Franz(1994), *Drucke zu Lebzeiten*, (Schrifien, Tagebücher, Briefe. Kritische Ausgabe) Hrsg von Wolf Kindler, Hans-Gerd Koch und Gerhard Neumann, Frankfurt am Main: S. Fischer.

Kingsley, Ellen(2019), "Grow Up Already! Why I Takes So Long to Mature", *ADDitude: Inside the ADHD Brain*, June 28, 2019(https://www.additudemag.com/grow-up-already-why-it-takes-so-long-to-mature/).

Komeda, Hidetsugu et al.(2015), "Autistic Empathy toward Autistic Others", Social Cognitive and Affective Neuroscience, Volume 10(2), pp. 145~152.

Lichtenberg, Georg Christoph(1971), *Sudellücher* Ⅱ, *Materialhefte*, *Tagebücher*, (Schriften und Briefe. Bd. 2.) Hrsg. von Wolfgang Promies, München: Carl Hanser.

Mach, Ernst(1886), *Beitrige zur Analyse der Empfindungen*, Jena: Gustav Fischer.

Melville, Herman(2017), *Billy Budd, Sailor*, Mineola/New York: Dover.

Meyer, Conrad Ferdinand(1962), *Gedichte Conrad Ferdinand Meyers: Wege ihrer Vollendung*, Hrsg. und mit einem Nachwort und Kommentar versehen von Heinrich Henel, Tübingen: Max Niemeyer.

Moravia, Alberto(1976), *Romanzi brevi. Racconti sarrealisti e sasirici*, Opere complete di Alberto Moravia, vol. 6, Milano: Bompiani.

Musil, Robert(1978), *Der Mann ohne Eigenschaften*, (Gesammelte Werke. Bd.1), Hisg. von Adolf Frisé, Reinbek bei Hamburg: Rowohlt.

Musil, Robert(1981), *Prosa und Stücke*, (Gesammete Werke, Bd.6), Hisg. von Adolf Frisé, 2., verb. Aufl. Reinbek bei Hamburg: Rowohl.

Neruda, Pablo(1973), *Obras completas*(Colección Cumbre), 4., ed. aumentada, Vol. 2, Buenos Aires: Editorial Loada.

Nietzsche, Friedrich(1980), *Sämiliche Werke*, Kritische Studienausgabe in 15 Bänden. Bd. 6, Hisg. von Giorgio Colli und Mazzino Montinari, München/Berlin/New York: Deutscher Taschenbuch Verlag/De Gruyter.

Ochs, Elinor and Solomon, Olga(2010), "Autistic Sociality", *Ethos. Journal of the Society for Pychological Anthropology*, Vol. 38(1), pp. 69~92.

Park, Crystal L. and Rechner Suzanne C.(2014), 「人生で出合うストレスフルな經驗後の成長を調定するうえで生じる問題点」, 『心的外傷後成長ハンドブック——耐え難い體驗が人の心にもたらすもの』, 宅番茱子/清水研(監譯), 醫學書院, 66~97頁.

Perec, Georges(1974), *Espéces d'espaces*, Paris: Éditions Galilée(『공간의 종류들』, 김호영 옮김, 문학동네, 2019).

Pessoa, Fernando(1986), *Obra Poética*, Seleção, organização e notas de Maria Aliete Galhoz, Rio de Janeiro: Nova Aguilar.

Poe, Edgar Allan(2014), *Edgar Allan Poe*, Mineola/New York: Dover.

Puschkin, Alexander(1998), *Gedichte: Russisch/Deutsch*, Übers. von Kay Borowsky und Rudolf Pollach, Anm. von Kay Borowsky, Nachw. von Johanna Renate Döring-Smirnov, Stuttgart: Reclam.

Rhys, Jean(2016), *Wide Sargaso Sea*, Introduction by Edwidge Danticat, New York: W. W. Norton(『광막한 사르가소 바다』, 윤정길 옮김, 펭귄클래식코리아, 2008).

Riessman, Frank(1965), "The 'Helper' Therapy Principle", *Social Work*, Vol. 10(2), pp. 27~32.

Rilke, Rainer Maria(1996), *Gedichte. 1910 bis 1926*, (Werke. kommentierte Ausgabe in vier Bänden, Bd. 2), Hisg von Manfred Engel und Ulrich Fülleborn, Frankfurt am Main: Insel.

Rimbaud, Arthur(1895), 'Voyelles', *Poésies complètes*, Avec préface de Paul Verlaine et notes de l'éditeur, Paris: L. Vanier.

Rousseau, Jean-Jacques(1964), *La nouvelle Héloïse, théâtre, Poésies, Essais linéraires*, Œuvres complètes, édition publiée sous la direction de Bernard Gagnebin et Marcel Raymond, T. 2., Paris: Gallimard.

Saint-Exupéry, Antoine de(1946), *Le petit prince*, Avec le dessins de l'auteur, Paris: Gallimard.

Silani, Giorgia et al.(2008), "Levels of Emotional Awareness and Autism: An fMRI

Study", *Social Neuroscience*, Vol. 3(2), pp. 97~112.

Sinha, Pawan(2014), "Autism as a Disorder of Prediction", *Proceedings of the National Academy of Sciences of the United States of America(PNAS)*, Vol. 111(42), pp. 15220~15225.

Spitzer, Robert L.(1981), "The Diagnostic Status of Homosexuality in DSM-III: A Reformulation of the Issues", *American Journal of Pychiatry*, Vol. 138(2), pp. 210~215.

Strang John F. et al.(2014), "Increased Gender Variance in Autism Spectrum Disorders and Attention Deficit Hyperactivity Disorder", *Archives of Sexual Behavior*, Vol. 43(8), pp. 1525~1533.

Trakl, Georg(1915), "Grodek", *Brenner Jahrbuch 1915*, Innsbruck.

Valéry Paul(1933), *Album de vers anciens, La jeune Parque, Charmes, Calepin d'un poète*, Paris: Éditions de la N. R. F.

Vergilius Maro, P.(1994), *Georgica/Vom Landbau*, Übersetzt und herausgegeben von Otto Schönberger, Stuttgart: Reclam.

Volden, Joanne and Lord, Catherine(1991), "Neologisms and Idiosyncratic Language in Autistic Speakers", *Journal of Autism and Developmental Disorders*, Vol. 21(2), pp. 109~130.

Vries, Annelou L. C. de et al.(2010), "Autism Spectrum Disorders in Gender Dysphoric Children and Adolescents", *The Journal of Autism and Developmental Disorders*, Vol. 40, pp. 930~936.

Wing, Lorna and Gould, Judith(1979), "Severe Impairments of Social Interaction and Associated Abnormalities in Children. Epidemiology and Classification", *Journal of Autism and Childhood Schizophrenia*, Vol. 9, pp. 11~29.

Wing, Lorna(1981), "Asperger's Syndrome: A Clinical Account", *Pychological Medicine*, Vol. 11(1), pp. 115~129.

우리는 물속에 산다

초판인쇄 2023년 3월 24일
초판발행 2023년 3월 31일

지은이 요코미치 마코토
옮긴이 전화윤
펴낸이 강성민
편집장 이은혜
마케팅 정민호 이숙재 박치우 한민아 이민경 박진희 정경주 정유선 김수인
브랜딩 함유지 함근아 박민재 김희숙 고보미 정승민
제작 강신은 김동욱 임현식

펴낸곳 (주)글항아리 | 출판등록 2009년 1월 19일 제406-2009-000002호

주소 10881 경기도 파주시 심학산로 10 3층
전자우편 bookpot@hanmail.net
전화번호 031) 955-8869(마케팅) 031) 941-5161(편집부)
팩스 031) 941-5163

ISBN 979-11-6909-090-2 03180

www.geulhangari.com

표지 사진 사용 허가를 구하기 위해 flicker를 통해 작가와 여러 차례 접촉했지만 닿지 못했습니다.
연락이 되는 대로 비용을 지불하겠습니다.